식탁에서 만나는 맛있는 인문학
세계 음식 여행

글 박찬일
글을 쓰는 셰프입니다. 기자로 활동하다 요리에 흥미를 느껴 이탈리아 요리학교(ICIF) 디플로마 과정을 마치고
돌아왔습니다. 셰프로 일하며 국내 양식당에 처음으로 슬로 푸드, 로컬 푸드 개념을 도입하였고, 우리 재료로
재해석한 이탈리아 음식을 선보이며 이름을 알리게 되었습니다. 지금은 여러 언론 매체에 칼럼을 쓰고, 방송과 강연을
하며, 서울 서교동과 광화문을 오가며 사람들의 영혼을 채워 주는 음식을 만들고자 힘쓰고 있습니다.
쓴 책으로『내가 백년식당에서 배운 것들』,『오늘의 메뉴는 제철 음식입니다』,『추억의 절반은 맛이다』,『백년식당』,
『지중해 태양의 요리사』,『보통날의 파스타』등이 있습니다.

그림 애슝
고양이를 사랑하는 일러스트레이터입니다. 하루의 순간들을 눈여겨보고 다양한 방식으로 표현하는 작업을 이어가고
있습니다. 쓰고 그린 그림책으로『문장수집가, 스테레오』,『페페의 멋진 그림』,『SHORT CUT』등이 있고, 어린이 책
『순재와 키완』,『빨래는 지겨워』,『오소리 쿠키』,『사춘기 성장 사전』,『하늘이 딱딱했대?』등에 그림을 그렸습니다.

식탁에서 만나는 맛있는 인문학
세계 음식 여행

글 박찬일 | 그림 애슝

차례

　　　토토의 초대 ·· 6

제1장 요리의 시작
　　　인류, 불을 쓰다 ····································· 10
　　　물고기를 잡다 ······································ 16
　　　농사를 시작하다 ··································· 22

제2장 맛 더하기
　　　고소한 빵 한 조각 ································· 30
　　　구수한 밥 한 그릇 ································· 38
　　　맛의 기본, 소금 ···································· 44
　　　사람들을 홀린 향신료 ···························· 50

제3장 음식으로 떠나는 세계 여행
　　　가까운 이웃 중국과 일본 ························ 60
　　　카레의 나라, 인도 ································· 68

서양식 요리의 기본, 유럽 ········· 76

소박하고 건강한 식탁, 아프리카 ········· 84

멕시코, 옥수수의 변신 ········· 92

미국, 햄버거의 탄생지 ········· 98

제4장 특별한 음식 이야기

할랄이 뭐예요? ········· 106

지구를 살리는 녹색 식탁 ········· 112

제5장 행복한 디저트

따뜻하고 우아한 맛, 커피 ········· 120

달콤하고 쌉싸름한 맛, 초콜릿 ········· 128

차갑고 달콤한 맛, 아이스크림 ········· 134

삼촌의 편지 ········· 142

토토의 초대
우리 삼촌 식당에 놀러 갈래?

나는 수요일이 제일 좋아. 요리사인 삼촌을 만나는 날이거든.
"삼촌, 저 왔어요!"
작은 식당의 문을 활짝 열고 들어가면,
"우리 토토 왔구나!"
삼촌이 가지런한 이를 드러내며 씨익 웃어 주지.

삼촌은 식탁이 세 개뿐인 작은 식당을 하고 있어. 내가 다니는 학교에서 골목길을 따라 요리조리 걸어가면 삼촌네 식당이 나와. 식당 이름은 토토스 키친(Toto's kitchen)이야. '토토의 부엌'이라는 뜻이지. 삼촌이 조카인 날 너무 아껴서 식당에 내 이름을 붙인 거래.

사실 수요일은 삼촌이 식당을 쉬는 날이야. 그래서 마음껏 놀러 갈 수 있어. 학교를 마치면 곧바로 삼촌네 식당에 달려가. 삼촌은 그동안 새 메뉴를 짜고, 식당 구석구석을 청소하고, 냉장고 속 재료도 점검해. 그리고 나와 함께 맛있는 음식도 만들어 먹고, 요리에 숨겨진 재미있는 이야기도 들려줘. 가끔은 이곳에서 삼촌과 인연이 있는 세계 여러 나라 사람들을 만날 수도 있어.

　여기서 잠깐 우리 삼촌 자랑을 좀 해도 될까? 삼촌은 10여 년 전 이탈리아에 유학을 갔어. 처음에는 서양의 문화와 역사에 대해 공부하러 갔지만, 거기서 이탈리아 요리를 배우기 시작했대. 삼촌 말로는 "몸으로 배우고 익히는 일이 더 좋기 때문"이라나.

　삼촌은 서양 요리를 공부했지만, 한국 요리나 중국 요리, 일본 요리에도 관심이 많아. 우리나라 고유의 깊고 담백한 맛을 지닌 음식은 물론이고, 센 불을 이용한 중국 요리도 잘하고, 초밥도 곧잘 만들어. 삼촌 식당은 흔한 말로 '퓨전 식당'인 셈이지. 여러 나라 음식 가운데 삼촌이 그때그때 내고 싶은 걸로 메뉴를 정하거든. 그래서인지 아주 작은 식당인데도 손님이 끊이지 않아. 예약하지 않으면 삼촌의 요리를 먹기 힘들 정도야. 난 그런 삼촌이 정말 자랑스러워.

　매주 수요일 삼촌네 식당에서 어떤 이야기꽃을 피울지 궁금하지 않니? 어때, 나와 함께 토토스 키친에 놀러 가 볼래?

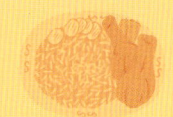

제1장
요리의 시작

세상에서 먹는 일만큼 중요한 일도 없을 거야.
살아갈 에너지를 얻기 위한 모든 인간의 본능이니까.
먹을거리를 찾아 세상 곳곳을 탐험해야만 했던 원시 시대에는
사람들이 무엇을 먹고 살았을까?
먼 옛날로 거슬러 올라가서 우리의 조상들이
무엇을, 어떻게 먹고 살았는지 함께 살펴보자.

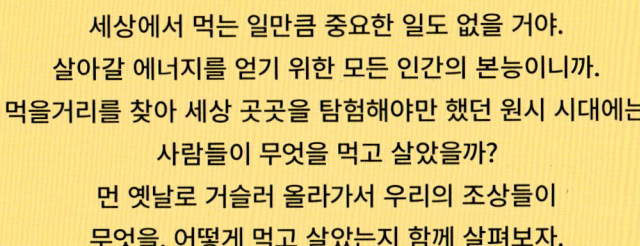

🔥 인류, 불을 쓰다

꽃샘추위가 가시지 않은 3월의 어느 날입니다.

"치익, 치이익."

네모난 그릴 팬 위에서 소고기 안심 스테이크가 지글지글 익고 있었습니다.

"삼촌, 난 적당히 익혀 주세요. 미디움으로요."

토토가 군침을 흘리며 주문을 넣었습니다.

"알고 있어요. 꼬마 손님."

삼촌이 집게로 재빨리 고기를 뒤집으며 말했습니다. 두툼한 고깃덩어리 앞뒤로 먹음직스러운 격자 무늬가 새겨졌습니다. 삼촌은 고기를 접시 위에 옮겨 담고 미리 뜨겁게 예열해 둔 오븐 속으로 집어넣었습니다.

얼마 뒤, 토토 앞에 윤기가 흐르는 근사한 스테이크 요리가 놓였습니다. 왼손에 포크, 오른손에 나이프를 쥔 토토는 한 조각을 쓱쓱 썰어서 입에 쏙 넣었습니다. 따뜻한 육즙이 입안에서 팡팡 터지자 절로 탄성이 새어 나왔습니다.

"음음, 바로 이 맛이에요. 소금이랑 후추만 뿌렸는데 어쩜 이렇게 맛있을까요?"

삼촌의 접시에도 기름지고 고소한 향을 풍기는 소고기 등심 스테이크가 놓였습니다. 삼촌의 고기 굽기 취향은 바싹 익히는 '웰던'입니다.

"역시 고기는 노릇노릇 잘 익어야 해."

삼촌은 겉을 바삭하게 잘 구운 스테이크를 썰기 시작했습니다.

"삼촌, 사람들은 언제부터 고기를 이렇게 맛있게 구워 먹었을까요?"

토토가 고기 한 점을 입에 넣으며 물었습니다.

"음……. 선사 시대로 거슬러 올라가야지?"

삼촌은 마치 먼먼 옛날을 내다보듯 실눈을 뜨고 대답했습니다.

"지금으로부터 150만 년 전쯤, '곧선사람(호모 에렉투스)'이라는 인류가 등장했어. 그들은 최초로 불을 사용한 사람이었어. 물론 그 이전에도 불은 있었지. 벼락이 떨어져서 숲에 불이 붙기도 하니까. 그때 불을 피하지 못한 동물들도 있었겠지? 초기 인류는 불에 탄 동물을 먹어 보고 날로 먹는 것보다 훨씬 맛이 좋다는 걸 느꼈을 거야. 하지만 그런 행운을 자주 만나는 건 어려웠어. 그런데 곧선사람들이 불을 쓸 줄 알게 된 거야. 이건 정말 엄청난 발전이었어. 마침내 '화식(火食)'을 시작했다는 뜻이거든."

토토가 구운 양파를 입에 넣으며 물었습니다.

"화식? 그게 뭔데요?"

삼촌은 포크를 내려놓으면서 미간을 살며시 찌푸렸습니다. 삼촌이 토토에게 쉽게 설명해 주려고 애쓸 때면 나오는 표정이었지요.

"화식은 불에 익혀 먹는다는 뜻이야. 식재료에 열을 가하면 살균도 되고, 소화도 더 잘 돼. 한마디로 맛과 영양이 더 좋아지지. 달걀을 날로 먹으면 단백질 흡수율이 50퍼센트 정도지만, 익혀 먹으면 90퍼센트까지 올라가거든. 그런 이유로 학자들은 인류가 화식을 시작하면서 뇌 용량이 커지고 지적 능력이 발달했다고 주장한단다."

토토가 이해하기 어려운 듯 고개를 갸우뚱하며 다시 물었습니다.

"구운 고기를 먹어서 머리가 좋아졌다고요? 그럼 매일매일 고기만 먹으면 천재가 되는 거예요?"

삼촌이 고기 한 점을 쓱 잘라 입에 넣으며 말을 이었습니다.

"하하, 그럼 얼마나 좋겠니. 식재료를 익히면 부드러워져서 소화가 잘돼. 그러면 더 많은 영양분을 흡수할 수 있으니 체력도 더 좋아지겠지. 특히 뇌는 근육보다 22배나 많은 에너지를 쓰는 장기야. 게다가 사람은 다른 동물보다 훨씬 큰 뇌를 가지고 있잖아? 음식을 익혀 먹지 않고는 이 큰 뇌를 가지기 힘들어. 실제로 곧선사람의 뇌 용

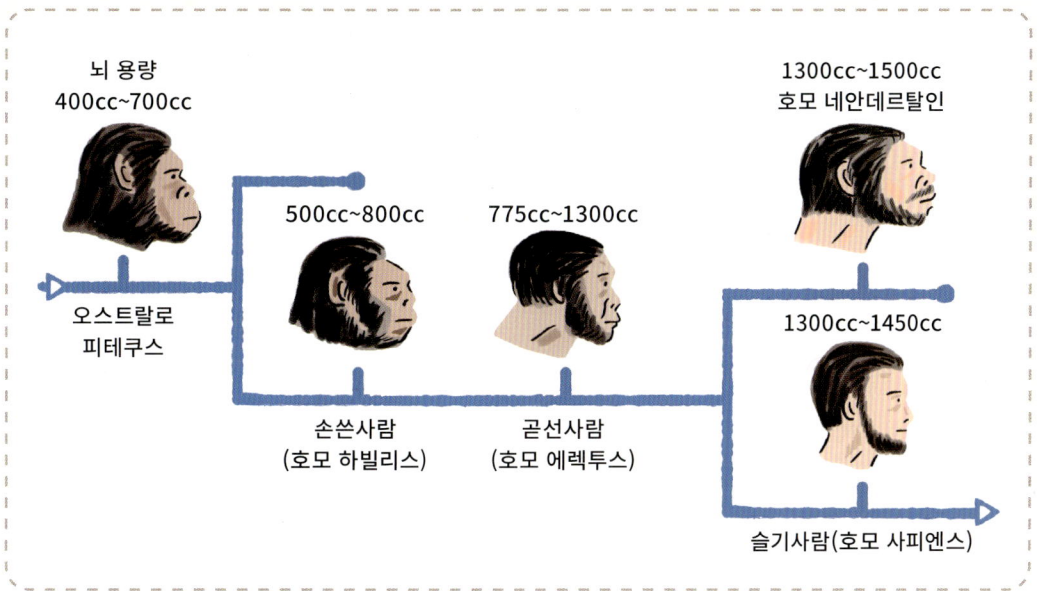

인류의 진화 과정을 간단히 그린 그림이야. 곧선사람에 이르러 불을 쓰고, 화식을 시작하면서 치아와 아래턱의 크기가 점점 줄고 뇌 용량이 커지는 변화가 일어난단다.

량은 이전 인류인 손쓴사람(호모 하빌리스)보다 1.5배나 크거든."

토토가 마지막 고기 한 점을 포크로 찍으며 말했습니다.

"아, 곧선사람이 음식을 익혀 먹기 시작하면서 점점 뇌 용량이 커졌고 지금의 인류가 나타날 수 있었다는 거죠?"

삼촌이 토토의 뒤통수를 쓰다듬으며 말했습니다.

"척척 알아듣다니, 대단한데. 학자들은 대체로 그렇게 해석하고 있어. 인류가 불을 다룰 줄 알게 되면서 점점 오늘날 인류와 비슷한 모습으로 진화했다고 말이야. 하지만 여전히 너나 원시인이나 하나도 다를 게 없단다."

"어디가 똑같다는 거예요? 저는 이렇게 식탁에 앉아서 점잖게 도구를 사용해 먹는데요?"

토토는 조금 언짢다는 듯이 포크와 나이프를 흔들어 보였습니다.

"하하. 고기를 구워 먹는 방법이 똑같다는 얘기였어. 무려 수십만 년 동안 인류가 이어 온 방식이지. 선사 시대에도 뜨겁게 달군 돌판에 고기를 구워 먹거나 작은 짐승을 통구이 해 먹었을 거야. 요즘에는 가스레인지나 오븐 같은 도구를 이용하긴 하지만 굽는다는 기본적인 조리법에는 변함이 없어. 사람들도 여전히 원시적인 방법으로 불에 직접 굽는 직화 구이를 더 좋아하고."

"숯불갈비, 장작 통닭구이 이런 거요?"

"크으, 맞아. 숯불 향 가득한 그 맛, 최고지!"

토토는 수십만 년의 시간 동안 불 앞에서 고기를 구워 온 인류를 생각해 보았습니다. 멀고 먼 옛날 누군가도 이 자리에서 자신처럼 구운 고기를 먹고 있었을지 모른다고 생각하니 기분이 아주 묘해졌습니다.

선사 시대의 수렵
원시인은 어떻게 고기를 구했을까?

가장 손쉬운 방법은 죽은 동물을 줍는 거였어. 살아 있는 동물을 사냥하는 일은 결코 쉬운 일이 아니었거든. 돌도끼나 돌칼, 혹은 돌멩이 같은 사냥 도구를 이용하더라도 다치거나 목숨을 잃을 위험이 컸어. 동물은 인간보다 훨씬 예민하고 민첩하잖아. 그러니 인류는 굉장히 오랫동안 고기를 '채집'하러 다녔을 거야. 더러 다른 짐승이 사냥한 고기를 빼앗거나, 공격하기 쉬운 어리고 약한 동물을 노리기도 했겠지.

어렵사리 고기를 구했으면 돌로 만든 도구를 이용해 동물을 먹기 좋게 다듬었어. 그리고 돌무더기를 만들고, 그 가운데에 불을 지폈어. 낙엽이나 마른 가지를 모아 놓고 부싯돌을 이용해 불

구석기 시대인들이 만든 주먹도끼와 주먹찌르개야. 오늘날 주머니칼 같은 만능 도구였어. 동물의 가죽을 벗기고 살점을 잘라 내기에도 알맞았지.

씨를 붙이고, 큼직한 나무토막으로 불길을 유지했을 거야. 이렇게 만든 화톳불 위에서 바로 굽거나 넓적한 돌을 올려 구워 먹었을 거라고 짐작해. 선사 시대의 유적을 보면 이런 화덕 속에서 동물성 단백질이 타서 숯처럼 된 탄소를 발견할 수 있거든. 이 탄소의 성분과 연대를 추적하는 기술을 '탄소 동위 원소 분석법'이라고 하는데, 이 방법을 이용해 그들도 구운 고기를 먹었다는 사실을 알게 되었단다.

물고기를 잡다

삼촌이 다 먹은 그릇을 정리하고 설거지를 시작하자 토토는 깨끗한 행주를 찾아서 식탁을 닦았습니다.

"삼촌, 스테이크 한 덩이로는 어림도 없는데. 더 없어요?"

삼촌이 깨끗해진 접시를 선반에 올려놓으며 말했습니다.

"허, 녀석. 키가 쑥 크려나. 먹성이 더 좋아졌네. 그럼 이번에는 연어 스테이크를 해 볼까?"

삼촌은 냉장고에서 연어 한 토막을 꺼내 소금과 후추, 올리브유로 밑간을 했습니다. 얼마쯤 간이 배어들기를 기다린 뒤 납작한 프라이팬을 가스레인지 위에 올리고 올리브유를 둘렀습니다. 식당의 주방 벽에는 프라이팬이 주렁주렁 걸려 있었습니다. 달걀 프라이를 하는 작은 팬에서부터 중식 프라이팬인 속이 우묵하고 큰 웍까지 다양한 프라이팬이 있지요.

삼촌은 프라이팬이 달아오르는 걸 확인한 후 두툼한 연어 조각을 그 위에 올렸습니다. 치이익. 연기가 피어오르며 기름이 타다닥 튀었습니다. 삼촌은 선반 아래에서 프라이팬 뚜껑을 찾아 얼른 닫았습니다.

"생선을 구울 땐 센 불에 겉면을 익힌 뒤, 약한 불로 속까지 충분히 익혀야 해."

3분쯤 지났을까? 삼촌은 프라이팬 뚜껑을 열고 연어를 뒤집었습니다. 어느새 먹음직스러운 주황빛 연어 스테이크가 완성되었습니다. 토토가 감탄사를 내뱉었습니다.

"우아, 고소한 냄새."

토토는 연어를 크게 한 조각 떼어, 상큼한 요거트 소스를 찍어 입에 넣었습니다.

"음, 부드러워. 씹을 것도 없이 넘어가요."

삼촌이 하얀 이를 드러내며 활짝 웃었습니다. 자신의 요리를 맛있게 먹어 주는 손님을 만날 때만 보여 주는 삼촌 특유의 잇몸 웃음입니다. 토토는 갑자기 궁금해졌습니다.

"삼촌, 사람들은 언제부터 물고기를 먹었을까요?"

그러자 삼촌이 오히려 토토에게 되물었습니다.

"토토야, 만약 네가 선사 시대 사람이라면 어떤 곳에서 살고 싶니?"

"글쎄요……?"

토토는 지난 주말 엄마 아빠와 함께 강가에서 캠핑을 한 기억이 떠올랐습니다. 낚시를 좋아하는 아빠 덕분에 저수지나 강가에 종종 놀러 가거든요.

"근처에 숲도 있고 강도 있는 곳에 살았을 것 같아요. 숲에서 열매도 따고, 동물도 잡고, 강에서 물도 구하고 물고기도 잡을 수 있잖아요?"

"사실 선사 시대 사람들은 식량을 찾아 떠돌이 생활을 했어. 학자들도 토토가 말한 것처럼 강가에서 지내는 시간이 많았을 거라고 생각한단다. 강과 바다가 만나는 하구에서 선사 시대 사람들이 남긴 쓰레기 더미인 '조개무지'가 많이 발견됐거든."

"조개무지? 조개를 먹고 껍질을 버린 데예요?"

"맞아. 여러 조개껍데기를 비롯해서 갖가지 생활 쓰레기가 쌓인 더미인데 여기에서

 그 시대 사람들의 생활 모습을 추측할 수 있는 토기 조각, 그물추, 동물 뼈 조각 등 중요한 유물들이 많이 발견됐어. 우리나라 동해안·서해안·남해안에도 여러 조개무지가 나왔지."
 "선사 시대 사람들은 조개를 엄청 좋아했나 봐요. 조개껍데기를 산더미처럼 쌓을 만큼 많이 먹었다니."
 "조개는 잡기가 쉬우니까. 거기다 짭짤하고 독특한 맛이 나서 좋아했을지 모르지? 토토 너도 생굴 좋아하잖아."
 삼촌은 토토의 콧잔등을 톡 건드리며 말했습니다.
 "헤헤, 강 하구나 갯벌은 먹을 게 풍부해서 사람들이 아주 많이 살았겠네요."
 "맞아. 이런 곳은 물고기를 잡기에도 그만이야. 처음에는 썰물 때 바위틈에 갇힌 물고기나 게 같은 것들을 잡아먹었을 거야. 차차 도구를 이용하면서 고기잡이 기술도 발달했지. 작살이나 창에서 낚싯대, 그물을 만들기에 이르렀어. 최초의 고기잡이법은 '통발'일 거라고 짐작한단다."

"통발? 그게 뭔데요?"

"간단한 고기잡이 도구야. 한마디로 물고기 덫이지. 나뭇가지와 질긴 풀 따위를 엮어서 통 모양으로 만드는데, 구멍은 좁고, 속은 넓게 만들어. 그 안에 물고기가 좋아할 만한 먹이를 넣어서 물속에 담가 둔단다. 물고기가 미끼에 홀려 일단 통 안으로 들어오면 다시 빠져나가기 힘들게 만든 거지. 통발 뿐 아니라 독을 이용하기도 했어. 물에 독풀 즙을 뿌려서 주변 고기들을 잡는 거야."

"우아! 나도 따라 해 보고 싶어요. 그 시대에 태어났으면 날마다 사냥 다니고 고기 잡으러 다니기만 했을 텐데. 공부도 안 하고 학원도 안 가도 되고!"

토토가 휙휙 소리를 내며 젓가락으로 작살을 던지는 흉내를 냈습니다.

바닥에 댓살을 날카롭게 세우고, 몸체 중간에는 고기가 들어갈 수 있게 작은 구멍을 뚫은 통발이야.

"글쎄, 과연 그럴까? 거칠고 위험한 자연에서 먹을거리를 구하고 안전한 잠자리를 찾으려면, 지금 학교에서 공부하는 것보다 훨씬 많이 경험하고 공부해야 할걸?"

"흥, 그래도 수학이랑 영어 공부는 안 해도 되잖아요."

토토는 샐쭉 입을 내밀었습니다. 자신이 선사 시대에 살았더라면 아주 멋진 고기잡이가 되었을 텐데 하고 아쉬워했지요.

선사 시대의 어로
원시인은 어떻게 물고기를 잡았을까?

고기잡이는 선사 시대 사람들이 식량을 얻는 중요한 수단이었어. 바다와 강에는 육지보다 훨씬 많은 생명체가 살고 있어. 바다나 강에 사는 동물은 육지 동물보다 구하기 쉽고, 대부분 맛도 나쁘지 않지. 특히 우리나라는 크고 작은 하천이 풍부하고, 해안선이 복잡하고 갯벌이 잘 발달되어서 아주 오래전부터 어로 활동이 활발했어. 그래서 전 세계 인류의 어업 역사를 대표할 만한 유물과 유적들이 많지.

지구상에서 가장 오래된 고래 사냥 그림

울산광역시 울주군 언양읍에는 아주 오래된 바위그림이 있어. 신석기 시대 사람들이 새겼다고 알려졌지. 바로 반구대 암각화야. 매끈하고 평평한 바위 면에 고래·늑대·호랑이·사슴·멧돼지·곰·토끼·여우·거북·물고기·사람 등 다양한 형상과 당시 배와 어부의 모습, 사냥하는 광경들을 엿볼 수 있어. 특히 흥미로운 것은 고래 사냥에 관해 자세히 표현했다는 거야. 북방긴수염고래, 혹등고래, 참고래, 귀신고래, 향유고래 등 대형 고래를 세밀하게 그렸고, 미끼, 그물, 작살 같은 도구로 고래 사냥을 벌이는 모습도 생생하게 살필 수 있어. 이렇게 큰 바다 동물을 사냥할 수 있다는 건 그만큼 이곳에 살았던 사람들이 수준 높은 어업 기술을 갖고 있었다는 증거이기도 해.

반구대 암각화는 국보 제285호로 지정되었어. 신석기 시대 사람들의 생활 모습과 정신세계를 엿볼 수 있는 귀중한 문화유산이지.

세계에서 가장 오래된 그물추

매둔 동굴에서 발견된 그물추야. 그물 끝에 매달아 그물이 물속에 잘 가라앉게 하는 작은 돌들이지.

2018년에 강원도 정선 매둔 동굴에서 2만 9천여 년 전, 후기 구석기 시대 사람들이 만든 것으로 보이는 그물추가 여러 개 발견되었어. 현재까지 알려진 가장 오래된 그물추는 약 1만 년 전 신석기 시대 것이었어. 그런데 이번 발견으로 후기 구석기 시대인들이 이미 그물로 물고기를 잡는 어로 활동을 하고 있었다는 걸 알게 된 거지. 또 사람의 손가락 마디뼈와 물고기 등뼈, 새 뼈 등도 함께 발견되었어. 이 유물들은 앞으로 구석기 시대 사람들이 무엇을 어떻게 먹고 살았는지 밝히는 열쇠가 될 거란다.

아직 남아 있는 원시 어업

조선 후기 화가 김홍도가 그린 '단원풍속도첩'에 실린 어살 고기잡이 모습이야.

남해안에는 독특한 고기잡이 방식이 지금까지 남아 있어. 바로 '죽방렴(대나무 어살)'이야. 물살이 드나드는 좁은 바다 사이에 V자 모양으로 참나무 말목을 박고 대나무발 그물을 쳐서 지나가던 물고기를 가두는 장치란다. 하루에 두세 번 배를 타고 가서 갇힌 물고기를 뜰채로 건지기만 하면 돼. 또 돌로 울타리를 쌓아서 바닷물이 빠졌을 때 물고기가 갇히게 만든 석방렴도 있어. 둘 다 아주 원시적인 고기잡이 방법이지. 특히 이 죽방렴으로 잡은 멸치는 품질이 아주 뛰어나서 비싼 값에 팔린단다.

농사를 시작하다

토토가 남은 연어 스테이크 조각을 자르면서 말했습니다.

"삼촌, 밥이랑 먹으면 더 맛있을 것 같아요. 밥 한 숟갈만 주세요."

"어이쿠, 밥까지? 토토야, 먹방 콘텐츠 시작해 볼래?"

삼촌은 따끈한 밥 한 공기와 배추 된장국을 한 그릇 퍼 왔습니다. 토토가 활짝 웃으며 말했습니다.

"어? 된장국도 있었네요?"

삼촌이 흐뭇한 미소를 지었습니다.

"밥 먹을 땐 뜨끈한 국물도 있어야지."

어느새 밥 한 그릇을 뚝딱 해치운 토토가 불룩한 배를 통통 두드려 보였습니다.

"후아, 이제야 배가 좀 찼어요!"

삼촌도 된장국에 밥 한술을 말아서 후루룩 삼켰습니다.

"역시 밥이 들어가야 배가 든든하지?"

삼촌의 말에 토토는 머쓱한 듯 머리를 긁적였습니다.

"소고기 스테이크랑 연어까지 먹었는데도 이상하게 뱃속이 허전한 기분이었어요."

삼촌 얼굴에 미소가 번졌습니다.
"그래서 '한국인은 밥심으로 산다'라는 말도 있잖아?"

"그럼 말이죠, 삼촌. 밥은 언제부터 먹었을까요?"

"녀석, 또 시작이구나. 그럼 입을 좀 풀어 볼까? 아 에 이, 아아."
삼촌이 우스꽝스럽게 입을 움직이더니 이야기를 시작했습니다.
"우리나라는 쌀을 밥으로 여기지만, 밀이나 옥수수를 밥으로 삼는 나라들도 있어. 다른 말로 '주식'이라고 하지. 인류가 이렇게 주식을 먹기 시작한 건 농사를 짓기 시작하면서부터야. 농사지을 줄 알게 되면서 사람들은 떠돌아다니지 않고 한 곳에 눌러 살기 시작했어. 인류에게 또다시 엄청난 변화가 시작된 거지."

"와, 신기하네요. 사냥하고 열매를 따러 다니던 사람들이 어떻게 농사짓는 법을 알아냈을까?"

토토가 놀랍다는 듯 물었습니다.

"1만 년 전쯤, 빙하기가 끝나고 지구의 기온이 올라가자 식물들이 빠르게 자라기 시작했단다. 아마 처음에는 야생 조, 밀, 보리 같은 낟알을 주워 먹었을 거야. 그런데 오랜 시간에 걸쳐 땅에 떨어진 씨앗이 일정한 때가 지나면 싹을 틔우고 자라 많은 열매를 맺는다는 사실을 깨달았을지 몰라. 사람들은 생각했어. '직접 심어서 낟알을 더 많이 얻어 보자!' 하고 말이야. 지내는 곳 가까이에 낟알을 심고 기다리면서 시들시들하면 물도 주고, 흙도 북돋워 주면서 정성스레 가꾸었을 거야."

"어, 뭔지 알 것 같아요. 기억나죠, 삼촌? 내가 가져다 준 방울토마토? 엄마랑 직접 심고 키운 거요. 물도 잘 주고 지지대도 세워 주면서 얼마나 열심히 돌봤다고요!"

"그래, 생각나. 먹어 본 토마토 중에 최고였어."

삼촌이 엄지손가락을 치켜들었습니다.

"근데 농사를 짓는 거랑 한 곳에 정착하는 거랑 무슨 상관이에요?"

"더 이상 식량을 찾아 떠돌지 않아도 된다는 뜻이니까. 곡식을 잘 저장하면 추운 겨울이나 비가 계속되는 우기에도 굶주리지 않을 수 있어. 동물을 사냥하려고 위험을 무릅쓸 필요도 없고. 또 농작물을 심고 가꾸려면 계속 지켜보면서 때를 기다려야 하잖아? 그래서 동굴을 벗어나 농사짓기에 알맞은 곳으로 나오게 되었지. 물을 구하기 쉽고 너른 땅이 있는 곳으로 말이야. 이곳에 살기 위해 움집을 짓기 시작했고, 밭을 갈고 수확할 수 있는 농사 도구를 만들었어. 또 수확한 곡식을 저장할 그릇과 낟알을 가공하는 절구와 맷돌 같은 도구도 만들었지. 농사의 시작으로 도구를 만드는 기술이 발달하고 생활 양식이 크게 달라진 거야. 이 엄청난 변화를 바로 '농업 혁명'이라고 한단다."

낟알을 빻는 갈돌과 갈판이야.

수확한 곡식을 담았던 토기야.

"우아, 정말 새로운 세상이 펼쳐졌겠네요."

"물론이지. 농사 기술이 발전하면서 수확량도 늘었어. 안정된 생활 덕분에 인구도 늘어났지. 그러자 어떤 문제가 생겼는지 아니?"

"글쎄요. 밥 걱정이 줄었는데 뭐가 문제지? 아, 맨날 밥만 먹으니까 고기도 먹고 싶고 생선도 먹고 싶어진 건 아닐까요?"

"하하, 물론 그런 고민을 한 사람도 있었겠지. 그래서 이 무렵에 야생 동물을 길들여 가축으로 삼는 일도 일어나. 말과 소처럼 힘이 센 동물을 농사에 이용한 거야. 염소나 양 같은 동물은 젖, 고기, 가죽을 얻기 위해 길렀어. 닭이나 오리처럼 알을 얻을 수 있는 동물도 길들였단다."

"거 봐요. 밥만 먹고는 못 살아요."

"그것보다 훨씬 더 심각한 문제였어. 식량이 남아돌자 강자가 약자의 것을 빼앗기 시작한 거야. 구석기 시대는 같이 사냥하고 함께 나누어 먹는 평등한 사회였는데, 신석기 시대에 이르러서는 힘센 사람이나 부족이 식량을 더 많이 갖는 불평등한 사회가 된 거지. 식량은 배고픔을 채우는 것 이상의 의미가 되었어. 다른 사람 위에 설 수 있는 권력의 도구가 되었지. 계급이 생겨났고 전쟁이 일어났어. 더 힘센 부족이 더 많은 권력을 가질 수 있었어. 이러한 과정을 수없이 반복하며 최초의 나라가 생겨난단다."

토토가 투덜거리며 말했습니다.

"차라리 농사를 안 짓는 게 낫겠어요. 애써 농사지어서 다 빼앗기기만 할 거면."

삼촌이 빈 그릇을 정리하며 덧붙였습니다.

"그래도 구석기 시대 사람들보다는 나았을걸. 굶어 죽는 걱정이 줄었으니까. 내 손으로 식량을 생산할 수 있게 됐잖아?"

토토가 식탁을 행주로 닦으며 중얼거렸습니다.

"아, 먹고 사는 일이 그렇게 힘든 일이라니……."

그 모습을 보던 삼촌이 껄껄 웃으며 설거지를 시작했습니다.

선사 시대의 농업
농사로부터 문명이 싹트다!

오랜 시간에 걸쳐 일어난 신석기 농업 혁명은 이전에는 없던 찬란한 변화를 가져왔어. 드디어 문명이 싹트기 시작한 거야. 문명이란 인류가 만들어 가는 물질·기술·문화의 발전을 말해. 인간이 자연을 지혜롭게 이용하면서 언어를 만들고, 기계를 발명하고, 예술을 창조하는 것이 모두 포함되지.

손꼽히는 인류의 4대 문명은 모두 농사짓기에 좋은 큰 강 유역에 자리했어. 서남아시아의 티그리스강과 유프라테스강 유역에서 발생한 메소포타미아 문명, 나일강변에서 시작한 이집트 문명, 중국 황허강 주변에서 생겨난 황허 문명,

4대 문명의 발상지는 모두 큰 강을 끼고 있어 물을 구하기 쉽고, 기후가 온화하고 기름지고 너른 토지가 있어서 농경과 목축에 유리한 덕분에 많은 사람들이 살았던 지역이라는 공통점을 지니고 있어.

인도 인더스강과 갠지스강 유역에서 발생한 인더스 문명 이렇게 네 지역에서 대략 8천여 년 전에서 5천여 년 전까지의 시기 동안 발생한 고대 문명을 세계 4대 문명이라고 해.

각 문명의 특성에 따라 고유한 문자가 발달했고, 천문학, 기하학, 건축술, 청동 무기 등 다양한 기술과 학문이 발전하면서 매우 수준 높은 문화를 이루었단다.

제2장
맛 더하기

"거친 자연에서 고된 노동을 통해 얻은 소중한 먹을거리를
어떻게 하면 더 오래 두고 먹을 수 있을까?"
요리는 이런 고민에서 시작됐을 거야.
먼먼 옛날부터 지금에 이르기까지 사람들은
식량을 잘 보존하고 맛을 더하는 데 온갖 노력을 기울였어.
재료를 어떻게 가공해서 먹고, 어떻게 맛을 냈으며,
어떤 방법으로 더 오래 두고 먹을 수 있게 됐는지 살펴볼까?

고소한 빵 한 조각

봄바람이 산들산들 불어오는 오후, 토토는 삼촌네 식당으로 터덜터덜 발걸음을 옮겼습니다.

"삼촌, 저 왔어요."

토토가 힘없이 가방을 내려놓으며 인사했습니다.

"아이고, 우리 조카님이 봄 타나 보다."

삼촌이 토토의 어깨를 주물러 주었습니다.

"그런가 봐요. 몸이 나른하고 기운이 쭉 빠진 것만 같아요."

토토가 주방과 가장 가까운 식탁에 앉으며 말했습니다. 삼촌은 주방으로 들어가 오븐을 열고 노릇노릇 맛있게 구워진 빵을 꺼냈습니다. 작은 식당이 구수한 빵 냄새로 가득 채워졌지요.

"자, 갓 구운 빵맛 좀 보렴!"

토토는 따끈한 빵을 반으로 뜯었습니다. 결대로 찢어져 촉촉하고 보드라운 속살이 드러났습니다.

"음, 따끈따끈 보들보들해요."

"그렇지? 오늘 빵은 잘된 것 같구나. 나도 맛을 볼까?"
삼촌도 빵을 들고 크게 한 입 베어 물었습니다.

"삼촌, 이렇게 맛있는 빵은 언제 처음 만들어 먹었어요?"

오늘도 토토의 질문이 시작됐습니다. 삼촌이 기다리고 있었다는 듯이 입을 열었습니다.

"아주아주 오래전부터지. 처음에는 곡식 가루 반죽을 납작하게 빚어서 달군 돌 위나 석쇠 위에다 구워 먹었을 거야. 하지만 요즘 빵과 가까운 모양은 기원전 2000년

경 이집트에서 처음 만들어졌어."

삼촌이 눈을 빛내며 대답했습니다.

"아, 피라미드가 있는 나라요?"

토토가 머리 위로 두 손을 모아 삼각형을 만들어 보였습니다.

"맞아. 고대 이집트인은 '빵을 먹는 사람들'로 불리기도 했어. 이집트 사람들은 주식으로 빵을 먹었기 때문이지. 특히 하층민은 거의 빵만 먹고 살았다고 해도 지나치지 않아. 이집트에서는 수백 년 동안 일한 대가를 빵으로 지급했거든. 빵이 곧 돈으로 쓰였던 셈이지."

토토는 이상하다는 듯이 고개를 갸웃거렸습니다.

"그런데 삼촌, 이집트는 사막에 있지 않아요? 거기서 어떻게 빵을 만든 거예요?"

"바로 나일강 덕분이야. 매년 우기가 되면 이집트를 가로지르는 나일강이 주변 땅으로 흘러넘쳤어. 그래서 자연스레 주변에 기름진 땅이 만들어졌어. 이집트인들은

이렇게 비옥한 땅에 밀을 많이 심었단다. 게다가 이집트 빵이 대단한 건 효모를 이용해 발효 빵을 만들었기 때문이야."

"발효 빵이요?"

"미생물인 효모로 반죽을 발효시켜서 구운 빵을 말해. 발효 과정을 거치면 빵의 맛과 식감이 아주 좋아지거든. 소화도 잘 되고,

보관도 오래 할 수 있고."

토토는 구멍이 송송 뚫린 빵 속을 유심히 들여다보며 물었습니다.

"그럼 발효하지 않고 구우면 어떻게 돼요?"

삼촌은 우유 한 모금을 들이키고 말을 이었습니다.

"아주 투박하고 거칠어서 먹기 힘들걸. 빵 속에 구멍이 많이 난 것도 발효 때문에 그래. 효모가 밀가루 속 당분을 분해하면서 알코올과 이산화탄소로 된 가스 방울을 많이 만들거든. 하지만 굽는 과정에서 다 날아가고 빈자리만 구멍으로 남는 거야. 덕분에 부드럽고 폭신한 빵을 먹을 수 있는 거지."

"이야, 이집트 사람들은 정말 대단하네요. 피라미드도 짓고, 미라도 만들고 빵 발효법까지 알아내다니."

삼촌이 어깨를 으쓱이며 말했습니다.

"처음에는 우연이었을 거야. 시큼해진 반죽을 구웠더니 맛이 훨씬 좋은 걸 알아차렸겠지. 이 새로운 빵 맛에 반한 사람들은 발효에 대해 계속 파고들었을 거고. 효모의 존재에 대해서는 잘 몰랐겠지만 시큼한 반죽 일부를 새 반죽에 섞으면 계속 맛있는 빵을 먹을 수 있다는 사실도 알아냈겠지. 덕분에 이집트 사람들은 빵 전문가가 되었어. 당시 빵 종류만 해도 50가지가 넘었대. 엄청나지?"

"헉, 50가지나요? 음, 단팥빵, 소세지빵, 초코빵 같은 건 없었을 거고……."

토토는 생각나는 빵들을 꼽으려다 그만두었습니다.

"하하하, 비슷한 빵이 있었을지도 모르겠다. 대개는 참깨나 양귀비씨 등을 함께 반죽한 빵들이었어. 그런데 있잖아, 이 고대 이집트 빵을 똑같이 그대로 살려 낸 사람들이 있대."

"진짜요? 어떻게요?"

"고대 이집트 항아리 숨구멍 속에서 잠자고 있던 효모균을 찾아냈거든. 놀랍지 않

람세스3세의 무덤에서 발견된 벽화를 알아보기 좋게 다시 그린 그림이야. 밀을 갈아서 반죽을 만들고, 발효시키고 굽는 과정이 자세하게 그려져 있어. 빵 모양을 동물을 비롯해 여러 형태로 만드는 모습이 꽤 인상적이지?

니? 그 당시 먹었던 밀 품종으로 만든 밀가루에 그 효모균을 넣어 반죽을 만들어서 빵을 구웠어. 그랬더니 요즘 발효 빵보다 훨씬 향기롭고 맛이 좋았다는 거야. 심지어 고대 이집트 방식 그대로 반죽을 항아리에서 발효시켜 빵을 구운 사람도 있대. 하아, 어떤 맛일지 정말 궁금해."

"우아, 나도 먹어 보고 싶어요! 그런데 삼촌, 옛날 방식 그대로 만드는 게 가능해요? 정말정말 오래전 일이잖아요."

"이집트 사람들은 친절하게도 기록을 자세히 남겨 놓았어. 화덕, 밀을 찧는 도구 등 빵과 관련된 유물과 유적이 많이 발굴됐지. 심지어 어떤 왕의 피라미드에서는 4000년도 넘은 빵 화석이 나왔단다."

"세상에, 미라가 배가 고플까 봐 넣어 준 걸까요?"

토토의 말에 삼촌이 웃음을 터뜨렸습니다.

"하하하, 그럼. 그 시대 사람들에게 빵은 정말 중요했으니까. 고대 이집트 사람들은 사람이 죽으면 다시 영원한 생명을 얻어서 예전 삶을 그대로 이어간다고 믿었어. 그래서 무덤 벽에 다음 생에서도 불편함 없이 잘 살 수 있게 자신들의 생활 방식을 그림과 문자로 남긴 거야. 빵을 만드는 방법은 말할 것도 없었지."

"이집트 사람들의 빵 사랑은 정말 대단했나 봐요!"

토토가 삼촌을 향해 엄지를 척 들어 보였습니다.

"발효 빵을 신의 선물이라고 생각했을 정도로 소중히 여겼거든. 이 기술은 나중에 그리스, 로마까지 퍼져 나간단다. 로마가 멸망한 이후 기독교가 유럽 곳곳으로 전파되면서 빵도 함께 전해졌지."

"아……. 그래서 서양에서 주식으로 빵을 먹게 된 건가?"

"이야, 우리 토토가 거기까지 이해하다니 대단한데."

"토토스 키친 수석 주방장의 조카인데 이 정도는 기본이죠."

토토는 어깨를 으쓱이며 새 빵을 베어 물었습니다. 이 빵 하나에도 수천 년 전 사람들의 지혜와 손길이 화석처럼 켜켜이 쌓여 있다는 사실이 놀랍기만 했습니다. 어쩐지 빵맛이 아까 먹던 것보다 훨씬 깊고 풍부한 것 같았지요.

감자의 역사
감자가 악마의 식물이라고?

감자는 열량이 낮은 편이고, 비타민C와 철분, 마그네슘, 칼륨 등 인체에 꼭 필요한 무기 성분이 많아서 건강에도 아주 좋아.

서구 문화권에서는 빵만큼이나 감자도 많이 먹어. 또 다른 주식인 셈이지. 그런데 감자의 원산지가 어딘지 아니? 남아메리카 페루에 있는 세계에서 제일 높은 호수 '티티카카' 주변이야. 대략 1만여 년 전부터 안데스 산맥 주변과 페루의 고지대에 살던 잉카족이 감자 농사를 짓기 시작했대. 감자는 날씨가 서늘하고 거친 땅에서도 잘 자라는 식물이어서 주로 척박한 지역에 사는 사람들의 주식이 됐지.

감자가 유럽에 전해진 건 16세기경이야. 남아메리카를 정복하러 온 스페인 사람들이 옥수수, 설탕, 고추, 담배, 토마토, 카카오 등과 함께 감자를 유럽에 가져갔거든. 하지만 사람들은 감자를 아주 싫어했어. 생김새가 울퉁불퉁해서 '악마의 식물' 같다는 거야. 먹으면 나병에 걸린다는 소문까지 돌았지. 그래서 오랫동안 동물의 사료나 연구용으로만 쓰였어.

그런데 어쩌다 유럽 사람들이 감자를 먹기 시작했을까? 가장 먼저 감자를 먹기 시작한 나라는 아일랜드야. 당시 영국의 식민지였던 아일랜드는 국민의 70퍼센트가 영국의 소작농이었어. 당연히 영국은 임대료를 구실 삼아 그들이 생산한 농산물을 모조리 수탈했지. 하지만 유일하게 가져가지 않는 작물이 하나 있었어. 바로 감자야. 거기에는 재미있는 이야기가 숨어 있단다.

아일랜드에 사는 어떤 사람이 자기 밭에서 기른 감자를 당시 영국 여왕인 엘리자베스 1세에게 바쳤어. 감자에 대해 듣도 보도 못한 영국의 궁중 요리사들은 못생기고 울퉁불퉁한 덩이줄기를 내다 버리고, 줄기와 잎으로 요리를 만들었지. 그런데 감자 줄기와 잎에는 독성이 강한 솔라닌이 들었어. 이걸 모르고 먹은 사람들은 심한 복통에 시달렸단다. 그래서 영국 왕실에서는 몇 세기 동안이나 감자를 요리에 쓰는 것을 금지했어.

하지만 아일랜드인들은 감자 덕분에 식량 문제를 해결했고, 오로지 감자에 의존하게 됐어. 그들은 모든 지역에 감자를 심기에 이르렀지. 그러나 이것은 대재앙의 시작이었어. 감자가 검게 썩는 전염병으로 감자 흉년이 들자 무려 150만여 명의 사람들이 굶어죽고 만 거야. 1845년 '아일랜드 대기근'이라 불리는 사건이었지. 이때 많은 아일랜드인이 살기 위해 신대륙 미국으로 건너갔단다.

한편 18세기 프랑스의 학자인 앙투안 오귀스탱 파르망티에는 프랑스인들에게 감자를 알리는 데 평생을 바쳤어. 그는 감자가 얼마나 맛과 영양이 뛰어난 식품인지를 학문적으로 연구하고 홍보하는 일에 몰두했지. 왕이 주최하는 연회에서 감자 수프, 감자 빵, 감자 샐러드 등 20여 가지 감자 요리를 선보였어. 또 감자 수프를 많이 만들어서 굶주린 사람들에게 나눠 주기도 했단다. 이런 노력 덕분에 감자의 맛과 효능이 점차 널리 알려졌고, 어느 가정에서나 즐겨 먹는 식재료가 되었어.

이후 프랑스 사람들은 파르망티에를 존경하는 마음으로 감자 요리에 그의 이름을 붙였단다. 프랑스 요리 중에 파르망티에란 이름이 붙은 음식이 있다면 그건 감자로 만든 음식이란 걸 알아두는 것도 좋겠지? 이처럼 사람들에게 감자의 가치를 일깨워 준 파르망티에는 감자 영웅이라고 할 수 있어.

파르망티에는 사람들이 감자를 꺼려하자 꾀를 냈어. 일부러 군인들을 시켜 감자밭을 지키게 한 거야. 그러자 감자가 귀한 것이라 생각한 사람들이 몰래 감자를 캐어 갔단다. 그의 계략이 성공한 셈이지.

구수한 밥 한 그릇

 토토는 삼촌이 구운 빵을 남김 없이 먹었지만, 배가 차지는 않았습니다.
 "삼촌, 간식을 다 먹었으니 이제 밥을 먹을 차례예요."
 삼촌은 이미 알고 있다는 듯이 고개를 끄덕였습니다.
 "빵 몇 쪽에 배부르면 토토가 아니지. 그렇지 않아도 영양 돌솥 밥을 준비했단다. 입맛 없는 봄철에 딱이야. 5분만 더 기다려. 뜸이 들어야 밥맛이 더 좋아지니까."
 잠시 후 삼촌이 김이 모락모락 나는 돌솥 밥과 양념간장, 향긋한 바지락 쑥국, 잘 익은 배추김치 한 접시를 함께 내왔습니다. 토토가 돌솥 뚜껑을 열었습니다.
 "흐음, 구수한 냄새. 밥 냄새는 언제 맡아도 좋아요."
 삼촌이 밥을 다른 그릇에 덜어 양념간장을 조금 넣고 황금빛 참기름을 몇 방울 떨어뜨린 후 쓱쓱 비벼 주었습니다.
 "녀석하고는, 많이 먹으렴. 삼촌은 네가 맛있게 먹는 모습만 봐도 기분이 좋아."
 토토는 양념간장에 비빈 돌솥 밥을 눈 깜짝할 새 다 먹고는 트림을 꺼억 내뱉었습니다. 그러자 삼촌이 토토의 어깨에 손을 얹으며 속삭였습니다.
 "트림할 땐 입을 가려야지. 아무리 맛있어도 그렇지 식사 예절은 지키자."

"나도 모르게 나왔어요. 담부턴 조심할게요. 헤헤."
토토는 멋쩍게 머리를 긁적였습니다.

"그런데 삼촌은 어쩜 이렇게 밥을 맛있게 지어요?"

"비법은 하나야. 좋은 쌀을 썼거든."
"좋은 쌀? 쌀은 거기서 거기 아니에요? 쌀도 종류가 있나?"
"그럼. 얼마나 다양한데. 차지고 윤기 흐르는 쌀이 있는가 하면, 후후 불면 날아갈 것 같은 끈기 없는 쌀도 있어. 색이 있는 쌀도 있고 향이 좋은 쌀도 있지."
토토는 지난 겨울, 가족 여행을 갔을 때가 생각났습니다.
"아아, 뭔지 알 것 같아요. 베트남에 가서 볶음밥을 먹었는데 우리가 먹는 쌀이랑 달랐어요. 입안에서 부슬부슬 흩어지는 느낌이었거든요."
"맞아. 베트남, 태국, 라오스 같은 동남아시아와 인도, 서아시아 지역에서 많이 먹는 인디카라는 품종의 쌀이야. 찰기가 없고 모양이 길쭉한 게 특징이지."

토토는 문득 이상한 생각이 들었습니다.

"삼촌, 그러고 보니 신기해요. 아시아 지역은 쌀이 주식인 나라가 많네요? 우리나라도 그렇고. 이유가 뭐예요?"

토토의 질문에 삼촌의 눈이 동그래졌습니다.

"오호, 예리한 질문인데. 그건 지리적 차이 때문에 그래. 밀은 춥고 건조한 지역에서 잘 자라지만 벼는 온도가 높고 비가 자주 오는 지역에서 잘 자라. 아시아 지역은 계절풍의 영향을 받아서 여름에 기온이 높고 비가 많이 오는 곳이 많거든. 그래서 벼농사가 발달한 거야. 생각해 봐. 우리나라에서도 여름에 벼가 잘 자라잖아? 학자들은 최소한 4~5천 년 전에 인도의 갠지스강 유역, 미얀마 북부, 태국, 인도차이나 반도, 중국 남부 지역 등지에서 거의 비슷한 시기에 벼농사가 시작되었을 거라고 보고 있어."

"사는 곳에 따라 주식도 다르다니 신기해요. 그런데 삼촌, 같은 아시아 지역인데도 왜 우리나라와 동남아시아에서 먹는 쌀이 달라요? 이것도 지리적인 차이인가?"

"맞아. 기후에 따라 더 잘 자라는 벼가 다르거든. 인디카종은 덥고 습한 곳에서 잘 자라고, 자포니카종은 비교적 서늘한 곳에서 더 잘 자라. 그래서 우리가 먹는 쌀과 동남아시아 사람들이 먹는 쌀이 다른 거지. 여기서 재밌는 건 쌀이 주식인 지역이어도 쌀의 품종에 따라 음식 문화가 다르게 발전했다는 거야."

"어떻게요?"

"찰기가 적은 인디카 종을 먹는 지역 사람들은 손으로 밥을 먹어. 쌀을 가루 내어 국수나 전병으로도 만들어 먹고. 하지만 찰기가 있고 단맛이 도는 자포니카 종을 먹는 지역 사람들은 손 대신 수저를 써서 먹어. 그리고 쌀의 끈기를 이용해서 주로 떡을 만들어 먹는단다."

인디카종 벼는 쌀알이 길쭉하고 찰기가 없어.

자포니카종 벼는 쌀알이 동글동글하고 찰기가 있어.

"우아, 어떤 쌀을 먹느냐에 따라서도 이렇게 차이가 나네요. 음식의 세계는 정말 알면 알수록 신기하고 재밌어요."

"그렇지? 우리가 무엇을 먹고 있는지, 어떻게 먹고 있는지를 아는 건 정말 중요하다고 생각해. 음식에는 그 사회의 지리 환경은 물론, 구성원들의 생각과 정서, 역사와 생활 풍습이 다 담겨 있거든. 음식에 대해 알아가는 건 결국 우리가 누구인지를 찾아가는 길이라고 믿어. 그래서 내가 이 일을 사랑하는 거야."

"저한테는 아직 어려운 얘기지만 멋있는 말 같아요."

"차차 알아갈 거야. 지금은 맛있는 음식을 많이 보고 듣고 먹고 즐기는 것만으로도 충분해."

"그럼 말이에요. 삼촌은 밥이 더 좋아요? 빵이 더 좋아요?"

삼촌은 잠시 고민에 빠졌습니다.

"글쎄, 나는 서양 요리 전문 요리사지만 그래도 밥이 더 좋아. 너는?"

토토는 한참을 고민을 하다가 이내 고개를 흔들었습니다.

"그건 '엄마가 좋아? 아빠가 좋아?' 이렇게 묻는 거나 마찬가지예요. 밥은 밥대로 좋고, 빵은 빵대로 좋단 말이에요. 하나만 고르기 힘들어요!"

삼촌의 밥 짓기 비법
따끈따끈 쫀득쫀득 솥밥 어때?

맛있는 밥을 짓는 건 생각보다 까다로워. 제일 중요한 것은 쌀. 다음으로는 맑은 물이 필요하지. 그리고 적당한 솥이 있어야 하는데, 예로부터 우리나라 사람들은 무쇠솥을 최고로 쳤어. 전에는 집집마다 무쇠로 만든 가마솥이 있었지만, 지금은 전기밥솥을 많이 사용하지.

좋은 쌀과 물, 좋은 솥이 준비되었다면 자, 이제 기술이 필요한 시간! 우리말에 '밥을 짓는다'는 표현이 있잖아? 밥하기는 기술과 솜씨가 필요한 일이라는 뜻이야.

쌀을 너무 깨끗하게 씻을 필요는 없어. 그럼 밥맛이 나빠지거든. 세 번 정도만 물을 갈며 씻는 것이 요령이야. 또 묵은쌀로 밥을 할 때는 일정 시간 물에 불렸다 밥을 하고, 햅쌀을 쓸 때는 물을 좀 적게 넣어야 해. 햅쌀은 수분이 많거든. 물론 쌀의 종류에 따라 밥물의 양도 달라지지. 겉껍질을 덜 벗긴 현미로 밥을 지을 때는 반나절 이상 불려서 밥물을 넉넉히 부어야 한단다.

전기밥솥으로 밥을 한다면 눈금대로 밥물을 붓고 취사 버튼만 누르면 끝이야. 하지만 가스레인지나 휴대용 버너, 혹은 장작불을 이용해 밥을 지을 때는 불 조절을 잘해야 해. 밥이 끓어서 밥물이 흐르더라도 쌀이 익기 전에는 솥뚜껑을 열지 않는 게 좋아. 불을 줄여서 끓어오르는 밥물이 잦아들도록 하면 되거든.

밥이 잘 됐나 안 됐나를 가르는 마지막 단계는 뜸들이기에 있어. 적당한 때 불을 끈 뒤에 남은 열로 몇 분 정도 뜸을 들이면 밥이 완성돼. 불을 너무 빨리 끄면 뜸을 들여도 설익은 맛이 나고, 불을 너무 늦게 끄면 솥의 밑쪽이 눌어붙거나 탈 수 있어. 이 판단력은 오랜 경험에서만 나오는 거란다, 엣헴.

밥을 풀 때도 신경 써야 해. 세심한 기술이 필요하거든. 밥알이 뭉개지지 않도록 골고루 뒤섞은 다음 주걱을 세워서 살살 퍼 담는 거야. 그래야 보기도 좋고 맛도 좋은 쌀밥 한 그릇이 된단다. 밥 한 그릇에 얼마나 섬세한 손길이 필요한지 이제 잘 알겠지?

솥밥 짓기

① 쌀 씻기

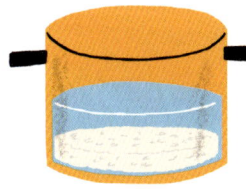

② 30분에서 1시간 정도 쌀 불리기

③ 쌀과 1:1 비율로 물 붓기

④ 물이 끓으면 강불에서 3분

⑤ 중불에서 5분

⑥ 약불에서 7분

⑦ 불을 끄고 5분간 뜸들이기

⑧ 주걱으로 아래위 골고루 섞기

⑨ 고소한 누룽지는 덤!

맛의 기본, 소금

"생각해 보니 빵도 정말 맛있긴 한데……. 이건 이길 수가 없을 것 같아요. 따끈한 밥에 갓 구운 통조림 햄 한 조각이랑 김치! 아, 맛있겠다."

토토가 침을 꼴깍 삼키며 말했습니다.

"삼촌도 침이 고이네. 언제 먹어도 맛있는 환상의 짝꿍이지. 근데 그거 알아? 요샌 김치 좋아하는 외국인들도 많다."

"김치를요? 외국인들한테는 맵지 않을까요?"

"우리 식당에 오는 외국인 손님들 중에도 김치에 빠져서 헤어나지 못하는 친구들도 있는걸. 밥도 없이 김치 한 접시를 비우고는 또 달라고 하고. 물론 내가 김치를 기똥차게 잘 담그긴 하지."

삼촌이 한껏 어깨를 으쓱여 보였습니다. 토토는 갑자기 궁금해졌습니다.

"그럼 외국 손님들이 김치를 달라고 할 때 뭐라고 주문해요?"

"김치를 김치라고 하지!"

삼촌이 무슨 말인지 모르겠다는 표정을 지었습니다.

"그래도 김치를 표현하는 영어 단어가 있을 거 아니에요? 김치는 보통 붉은색이니까 혹시 '풰에드 피크을'이라고 하나?"

토토가 우스꽝스럽게 힘껏 혀를 굴려 발음했습니다.

"글쎄, 김치가 무엇인지 굳이 영어로 설명한다면 소금으로 절인 배추라고 하면 되지 않을까? '소올티드 나파 캐애비쥐?' 잘 모르겠네."

삼촌도 토토를 따라 최대한 혀를 굴려 보였습니다.

"푸하하, 삼촌 발음 너무 웃겨. 흠, 삼촌도 모르는 게 있다니."

그러자 삼촌이 샐쭉 시무룩한 표정을 지었습니다.

"삼촌이라고 다 알지는 못하지……. 그래도 서양의 샐러드와 우리나라의 김치가 원래 사촌 사이라는 건 알고 있다, 뭐."

삼촌의 말에 토토는 깜짝 놀랐습니다.

"네? 샐러드가 김치랑 사촌 간이라고요?"

삼촌이 이맛살을 살짝 찌푸리며 찬찬히 설명하기 시작했습니다.

"샐러드(Salad)라는 말은 원래 소금을 뜻하는 라틴어 '살(Sal)'에서 나왔어. 그러니까 샐러드는 '소금을 쳐서 짠맛이 난다'는 뜻을 가진 말이야. 요즘은 소금과 식초, 기름 따위를 섞은 드레싱을 끼얹은 걸 샐러드라고 하지만 말이야."

"그러니까 소금을 뿌려 먹는 채소는 다 샐러드로 볼 수 있다는 거죠?"

"응. 아주 넓은 의미에서 보면 그렇다는 거야. 그럼. 여기서 질문! 샐러드 소스를 '드레싱(Dressing)'이라고 하는 이유는? 단어 속에 답이 있어. 맞춰 봐."

"음……. 채소에 드레스를 입히는 것 같아서?"

"딩동댕! 서양 사람들은 샐러드에 드레싱을 부을 때 옷을 입히는 기분이 들었나 봐. 그러고 보면 김치도 비슷한 셈이야. 이파리 한 장 한 장에 양념 옷을 입히잖아?"
"그러네요. 새빨간 드레스를 입은 김치!"
"또 김치를 만들 때 배추를 소금에 절여서 쓰잖아. 서양에서는 이 과정을 마리네이드라고 해. 바다를 뜻하는 라틴어 '마레(Mare)'에서 나온 말이지. '바닷물에 담그다', 즉 소금물에 담가 맛을 들인다는 뜻이야. 원래는 바닷물을 사용하는 조리법이었지만 점점 올리브유·레몬즙·식초·술·향신료·허브 등을 섞어 쓰는 방법으로 발전했지. 한 마디로 김치는 마리네이드한 배추에 드레싱을 바른 샐러드라 할 수 있어."
"어, 삼촌. 그럼 피클은요? 피클도 소금, 식초, 설탕물에 절인 채소잖아요."
"오호, 토토의 음식 지식이 나날이 늘고 있단 말이야. 맞아, 피클도 비슷한 음식이지. 피클은 재료를 양념한 소금물에 오래 담가서 숙성시킨 거야. 우리나라 장아찌나 일본 단무지도 비슷한 방법으로 만든 거고."

토토가 중요한 사실을 발견한 듯 소리 높여 말했습니다.
"그러고 보니 샐러드든 피클이든 김치든 다 소금이 기본이네요?"
"그럼. 소금은 모든 음식의 맛을 내는 데 없어서는 안 되는 중요한 조미료니까. 하지만 재료를 소금에 절이는 건 더 큰 이유가 있어."

토토가 고개를 갸웃거렸습니다.

"무슨 이유예요? 짜게 먹으면 몸에 좋지 않댔는데……."

"재료에 소금을 많이 치는 건……."

토토가 갑자기 생각난 듯 호들갑스럽게 외치며 삼촌의 말을 가로막았습니다.

"아아, 알았다! 소금에 절이면 더 오래 보관할 수 있어서죠?"

"빙고! 네 말이 맞아. 식재료를 소금에 절이면 오래 먹을 수 있어. 생선과 고기를 두고두고 먹을 수 있고, 추운 겨울에도 채소를 먹을 수 있지. 좋은 소금에는 몸에 좋은 광물질이 있어서 음식의 맛을 더하고, 방부제 역할을 한단다."

이야기에 귀 기울이던 토토가 갑자기 무릎을 탁 쳤습니다.

"아하, 그래서 금이라고 하는 구나! 작은 금, 소금. 맞죠? 금처럼 귀해서?"

"소금(小金)? 하하, 그럴 듯한 해석이지만, 소금은 '소곰'에서 유래한 순우리말이야. '솥으로 고아 만든다'는 뜻이지. 원래 우리나라에서는 바닷물을 고아서 소금을 만들었거든. 소금은 바닷물을 끓이거나, 염전에서 증발시키거나, 또는 돌처럼 단단하게 굳은 암염을 캐서 얻을 수 있어. 사실 어느 방법 하나 쉬운 것은 없지. 그래서 옛날에는 소금이 아주 귀했고, 돈처럼 쓰였어. 그리스에서는 소금으로 노예를 사고 팔았고, 로마에서는 군인들에게 급여로 소금을 주었대. 작은 어촌이었던 베니스가 10세기에 부유한 항구 도시로 성장한 것도 소금을 비롯한 여러 물품 거래를 중계하는 무역을 독차지했기 때문이야. 소금은 그만큼 귀한 조미료였어."

"우아, 흔한 소금에도 이렇게 엄청난 역사가 담겨 있다니. 짠맛이 그냥 나온 게 아닌가 봐요……. 삼촌, 더 많이 이야기해 주세요. 알수록 재미있고 궁금해요!"

설탕의 역사
피와 눈물로 졸여 낸 지독한 단맛

불순물을 거른 사탕수수의 즙을 졸이면 원당을 얻을 수 있어. 이것을 가공해서 백설탕, 갈색설탕, 흑설탕으로 만들어.

 단맛을 싫어하는 사람 손 들어 볼까? 아마 거의 없을 거야. 단맛을 좋아하는 건 인간의 본능이거든. 달콤한 맛은 기분마저 좋게 만들어 주잖아. 하지만 설탕의 역사는 썩 달콤하지 않단다. 오히려 씁쓸하기 짝이 없지.
 설탕은 기원전 4세기 무렵 고대 인도 사람들이 처음 만들었다고 전해져. 사탕수수나 사탕무의 달콤한 즙을 짜서 오래 끓이고 굳힌 거지. 사탕수수는 덥고 강수량이 풍부한 열대 지방에서 잘 자라는 식물이야. 그런데 사탕수수를 한 번 심고 난 땅은 다른 작물을 심을 수 없을 만큼 아주 황폐해져. 또 설탕을 만들려면 엄청난 노동력과 많은 땔감이 필요했어. 그래서 설탕은 아주아주 귀한 대접을 받았어. 고대 그리스에서는 약재로 썼을 만큼 말이야.
 서아시아의 아랍인들도 설탕을 무척 좋아했어. 그들은 이슬람교를 전파하기 위해 지금의 스페인, 포르투갈이 있는 이베리아 반도까지 정복했는데, 그때 설탕도 함께 가져갔어. 그들은 가는 곳마다 사탕수수를 심고 설탕을 만들었지. 유럽으로 흘러든 설탕은 11세기 유럽의 귀족들을 사로잡았어. 자신들의 부와 권력을 자랑하는 데엔 설탕을 이용한 디저트만 한 것도 없었거든. 그래서 설탕을 사고파는 무역업자들은 엄청난 부자가 되었어. 특히 지중해 가까이에 있는 베니스는 소금과 설탕, 향신료를 유럽에 전달해 주는 중계 무역의 거점이었던 덕분에 유럽 경제의 중심이 되었지. 그러나 점점 설탕값이 치솟자 결국 유럽인들은 설탕을 보다 저렴하게 얻기 위해 신대륙에 식민지를 건설하기 시작했어.

1492년 콜럼버스가 황금을 찾아 유럽에서 남아메리카 대륙으로 가는 가장 짧은 바닷길을 발견한 이후, 카리브

19세기 카리브해에 위치한 앤티가 섬의 설탕 플랜테이션 농장에서 일하는 노예들의 모습이야. 풍차의 힘을 이용해 사탕수수즙을 짜고 있는 중이지.

해에 사탕수수 농장들이 속속 생겨났어. 노동력이 부족하자 아프리카 대륙에서 사람들을 강제로 끌고 와서 노예로 삼았어. 노예가 된 아프리카 사람들은 견디기 힘든 기후와 가혹한 노동으로 죽어갔어. 노예들의 피, 땀, 눈물로 달콤한 설탕을 졸여 낸 셈이지.

시간이 흘러 19세기 영국에서 시작된 산업 혁명은 설탕 산업에도 변화를 가져왔어. 기계가 사람의 노동력을 대신하면서 노예제를 폐지하자는 목소리가 커졌거든. 게다가 기계의 도움으로 설탕 생산량도 늘어나서 서민들도 홍차에 설탕을 넣어 마실 만큼 설탕이 흔해졌어. 하지만 사탕수수를 재배하고 설탕을 만드는 일은 여전히 혹독했어. 흑인 노예제가 폐지된 대신 아시아 노동자들을 값싸게 데려와 혹사시키는 일이 계속됐지.

설탕은 한때 금값에 버금가는 몸값을 자랑했지만 이제 건강을 해친다는 이유로 천덕꾸러기가 되었어. 조금만 써도 설탕보다 수십에서 수백 배의 단맛을 내는 인공 감미료도 많이 개발되었지. 하지만 설탕이 무조건 몸에 나쁘기만 한 건 아냐. 빵의 식감과 풍미를 더 좋게 해 주고, 식품의 보존 기간을 늘려주는 일도 한단다. 그러니까 설탕을 적절히 쓰면 건강하고 즐겁게 음식을 즐길 수 있어.

사람들을 홀린 향신료

봄볕이 따사로운 수요일 오후, 토토는 수업을 마치자마자 삼촌네 가게로 달려갔습니다. 때마침 삼촌이 가게 앞에 나와 무언가를 옮기고 있었습니다.
"삼촌, 뭐 하고 있어요?"
"토토 왔구나? 햇살이 좋아서 허브들 광합성 좀 실컷 하라고."
"못 보던 화분들이네. 어, 향기가 나요."
"사거리에 있는 꽃집에서 사 왔지. 잘 키워서 요리에 쓸 거야."
"키워서 잡아먹으려고 하다니, 삼촌 너무해."
"하하하, 바질은 네가 좋아하는 피자 위에 얹어도 맛있고, 잣과 올리브유, 파르메산 치즈와 같이 갈아서 페스토 소스로 만들어도 좋지. 로즈마리는 스테이크를 마리네이드할 때 같이 쓰면 좋고."
"내가 화분에 물을 줄게요. 어서어서 쑥쑥 자라라!"
"그럴래? 앞으로 화분 물 당번은 토토가 책임지는 거다."
삼촌이 싱긋 웃었습니다.
"삼촌은 서양 요리 요리사라서 허브를 많이 쓰는 거죠? 서양 요리는 허브 같은 향

신료를 많이 쓰니까."

"음, 물론 그렇긴 한데 향신료는 내가 생각하는 것 이상으로 종류가 다양해. 우리나라 음식에도 향신료를 많이 쓰는걸."

"한식에도 향신료를 쓴다고요?"

"파, 마늘, 고추, 생강, 참기름도 다 향신료야. 깻잎, 미나리, 쑥갓처럼 향이 독특한 이파리도 허브에 속하고."

"그게 다 향신료란 말이에요?"

"향신료는 음식에 맵거나 향기로운 맛을 더하는 모든 재료를 가리키는 말이거든. 넓게 보면 음식에 감칠맛을 더하는 간장, 된장, 고추장도 향신료에 포함되지. 쉽게 말해서 양념이라고 생각하면 돼."

"우아, 향신료라고 하면 이름도 어려운 외국 것만 있는 줄 알았어요."

"어느 나라나 고유하게 쓰는 향신료들이 있어. 음식에 향신료를 쓰지 않는 나라는 아마 거의 없을 거야. 조금만 써도 음식의 맛을 확 살리는 매력이 있으니까. 그래서 어떤 향신료들은 어마어마한 인기를 모으기도 했어. 세계사를 뒤흔들었을 정도지. 그게 뭔지 맞춰 봐!"

삼촌이 입꼬리를 올려 씨익 웃으며 토토의 얼굴을 빤히 바라보았습니다.

"힌트 주세요, 힌트!"

"소금, 설탕처럼 아주 귀한 대접을 받았어. 오늘날에는 세계 어디서에나 아주 기본적으로 쓰는 향신료지."

"소금, 설탕……. 기본으로 쓴다고……?"

토토는 정답을 꼭 맞히고 싶었습니다. 골똘히 생각하는 그때, 식탁 위에 나란히 놓인 소금통과 후추통이 보였습니다. 순간 토토의 눈이 반짝였습니다.

"후추! 맞죠?"

"오호, 제법인데!"

삼촌은 기특하다는 듯이 토토의 머리를 쓰다듬었습니다.

"후추는 특히 고기나 생선을 조리할 때 없으면 안 되는 향신료야. 누린내와 비린내를 없애 줄 뿐만 아니라 맵싸한 맛이 나서 입맛을 돋우거든."

"아, 그래서 설렁탕을 먹을 때도 넣고, 고기를 구울 때도 뿌리는구나! 그런데 삼촌, 옛날에는 후추가 왜 특히 인기가 많았던 거예요?"

"그야 구하기가 어려웠으니까. 후추는 원래 인도 남부 해안 지역이 원산지야. 유

후추나무 열매를 익기 전에 따서 말리면 검은 후추, 다 익은 열매의 껍질을 벗겨서 말리면 흰 후추가 돼.

럽에서는 아랍 상인들을 통해서만 얻을 수 있었어. 특히 중세 유럽의 왕족과 귀족들은 이 후추를 정말 좋아했단다. 유럽 북부는 기후가 좋지 않고 별다른 조리법이 발달하지 않아서 빵과 고기를 주로 먹었어. 냉장 시설이 제대로 없던 시절이라 잡은 고기를 보관하려면 썩지 않게 소금에 절여야만 했지. 당연히 짜고 냄새가 나서 먹기에 썩 좋지 않았어. 그래서 냄새를 없애 주는 후추야말로 없어서는 안 될 향신료였지. 당시 사람들이 후추를 얼마나 좋아했는지 모든 음식에는 물론이고, 심지어 간식과 음료에도 넣어 먹었대."

"웩, 후추맛 음료수를 먹는다고요? 그걸 어떻게 마셔요?"

"맛도 맛이지만 후추 같은 향신료는 곧 자신의 부와 권력을 증명하는 수단이기도 했어. 그만큼 값이 비쌌거든. 그래서 왕족과 귀족들은 후추를 사는 데 돈을 아끼지 않았어. 후추를 찾는 사람들이 많아진 만큼 값도 점점 올라갔지. 덕분에 중간 무역

을 하던 베니스가 부유한 도시 국가가 된단다. 아까 소금과 설탕 무역으로 크게 발전했다고 한 그 베니스 말이야. 하여튼 결국에는 금화 한 닢으로 후추 한 알도 사기 어려운 지경에 이르러. 그래서 유럽인들이 어떻게 했는지 아니?"

"음, 후추를 훔치러 가나요?"

"비슷한 일을 해. 육로로 무역하는 아랍 상인을 거치지 않고 직접 구할 수 있는 바닷길을 개척하기 시작하지. 15세기부터 18세기까지 이 시기를 '대항해 시대'라고 불러. 그 유명한 콜럼버스가 신대륙을 발견한 것도 이때야."

"후추를 직접 구하려다 새로운 땅을 발견한 거예요?"

"유럽인의 시각에서 보면 그런 셈이었어. 사실 그들은 향신료가 많이 나는 인도에 가려고 했던 건데, 뜻밖에도 유럽에는 거의 알려지지 않았던 아메리카 대륙에 도착하게 됐거든. 유럽인들은 그곳이 인도라고 철석같이 믿었어. 그래서 원주민들을 인도 사람이라는 뜻의 '인디언'이라고 불렀지."

"에이, 뭐야. 원래 사람이 살고 있는 땅인데 자신들이 처음 발견한 것처럼 말하는 건 이상해요."

"그렇지? 바닷길을 적극적으로 개척했던 포르투갈, 스페인, 네덜란드, 영국, 프랑스 같은 유럽 강국들은 이런 식으로 아시아, 아프리카, 아메리카 원주민들의 땅을 정복했어. 원주민들을 노예로 삼고 자원을 마구 약탈했지. 그리고 갖가지 향신료 무역으로 엄청난 이익을 남겼어. 유럽인의 도착이 원주민들에게는 엄청난 재앙이었어."

"그깟 설탕과 후추를 차지하려고 다른 나라에 쳐들어가서 마구 빼앗고 노예로 부리고. 정말 너무해."

"역사는 힘의 논리에 따라 흘러가기도 하거든……. 그 일을 계기로 유럽은 어두운 중세를 지나 근대로 넘어가게 된단다. 신항로와 신대륙의 발견 덕분에 사회, 경제, 문화 등 여러 분야에서 눈부신 발전을 이루지. 음식에도 변화의 바람이 불었어. 코코아, 커피, 토마토, 고추, 담배 등이 남아메리카에서 유럽으로 전해져 전에 없던 새로운 음식이 등장했지."

"매콤한 후추 한 알이 정말 세계사를 바꾼 셈이네요. 이 작고 까만 알에 담긴 이야기가 더 궁금해요, 삼촌!"

"오늘은 여기까지 하면 안 될까? 정 궁금하면 책이나 유튜브에서 직접 찾아 봐. 내일 식당 열 준비도 아직 덜했단 말이야."

"아, 삼촌! 삼촌이 얘기해 주는 게 더 재밌단 말이에요. 걱정 마요. 제가 옆에서 도와줄게요."

"아휴, 끈질긴 녀석."

토토는 헤헤 웃으며 삼촌을 따라 주방으로 들어갔습니다.

감칠맛의 발견
다섯 번째 맛, 이것도 맛일까?

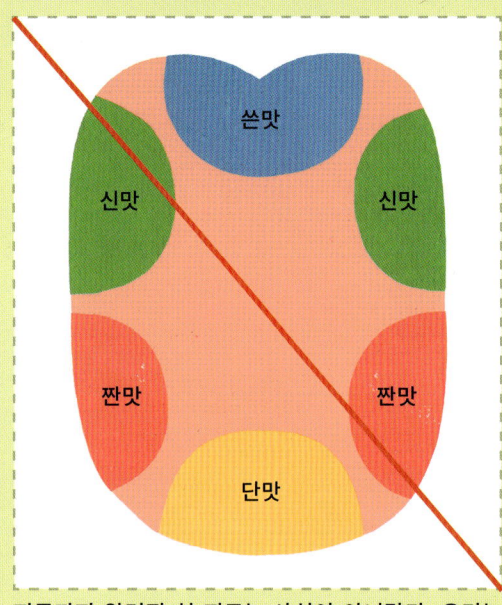

지금까지 알려진 혀 지도는 사실이 아니란다. 우리는 혀 어느 부위에서나 단맛, 짠맛, 쓴맛, 신맛, 감칠맛을 느낄 수 있어!

사람들은 오랫동안 세상에 네 가지 맛만 있다고 믿었어. 고대 그리스의 철학자 아리스토텔레스가 맛에는 단맛, 짠맛, 쓴맛, 신맛이 있다고 한 뒤로 2000년 동안이나 그 믿음에 변함이 없었지. 그런데 20세기 초, 새로운 맛이 등장했어. 바로 감칠맛이야. 일본의 이케다 기쿠나에가 다시마를 우린 국물에 들어 있는 '글루탐산' 성분을 발견하면서 알게 된 거야. 그 뒤 글루탐산을 가공해서 만든 화학조미료가 등장했어. 아주 적은 양으로도 감칠맛이 풍부한 맛을 낼 수 있어서 오랜 시간 동안 사랑받았지. 지금은 몸에 해롭다는 논란으로 꺼리는 사람이 많아졌지만 말이야.

사실 감칠맛을 내는 글루탐산은 단백질을 구성하는 성분인 여러 아미노산 중에 하나야. 그래서 단백질이 많은 식품에서 감칠맛을 잘 느낄 수 있지. 소고기와 유제품, 닭고기와 알류, 어패류, 콩, 밀 등에 글루탐산이 많이 들었어. 특히 다시마, 멸치, 토마토, 버섯, 파르메산 치즈 등은 글루탐산이 풍부하게 들어서 음식의 감칠맛을 돋우는 재료로 많이 쓰인단다.

그런데 우리나라는 감칠맛이 세상에 알려지기 훨씬 오래전부터 감칠맛을 내는 양념을 많이 사용해 왔어. 한식의 기본양념인 간장과 된장 말이야. 콩을 발효시켜 만든 장류는 감칠맛이 뛰어

나거든.

또 반찬으로 먹거나, 음식의 조미료로 쓰는 젓갈도 감칠맛이 아주 풍부해. 젓갈은 물고기나 조개 같은 어패류에 소금을 넉넉히 뿌려 항아리에 보관하고, 1년 이상 발효시킨 음식이야. 특히 물고기의 내장이나 조개 속에는 살을 분해하고 숙성시키는 효소가 들어 있기 때문에 시간을 들일수록 그 맛이 더욱 깊어지지.

태국인들이 사랑하는 남 쁠라 소스야. 생선뿐 아니라 새우, 오징어로 만든 남 쁠라도 있지.

젓갈은 원재료에 따라 멸치젓, 새우젓, 조개젓, 명란젓 등 종류가 아주 다양해. 젓갈이 잘 숙성되면 건더기 재료를 걸러 내고 액체만 사용하기도 하는데, 이걸 '액젓' 또는 '어장'이라고 한단다.

젓갈과 액젓은 상당히 많은 양의 소금을 뿌려 만들기 때문에 그냥 먹으면 아주 짜. 하지만 찌개나 국 등에 조금 넣는다든지, 김치를 담글 때 양념에 적당량 넣으면 짠맛과 함께 감칠맛이 더해져서 음식의 맛이 훨씬 깊고 풍부해지지.

우리나라의 액젓과 비슷한 방식으로 만들어진 조미료를 '피쉬 소스', 혹은 '어장'이라고 불러. 이러한 장류는 쌀을 주식으로 삼는 동아시아의 여러 나라에서 널리 사용하고 있어. 베트남에서는 '느억 맘', 태국에서는 '남 쁠라', 필리핀에서는 '파티스', 인도네시아에서는 '크찹 이칸', 라오스에서는 '남빠'라고 부른단다.

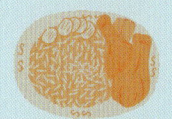

제3장
음식으로 떠나는 세계 여행

다른 나라의 문화를 제대로 알고 싶다면
그 나라 사람들이 좋아하는 음식을 살펴봐.
한 나라의 고유한 음식이라는 것은
하루아침에 만들어지는 게 아니거든.
그 나라의 지리와 기후, 역사와 종교, 문화의 영향 속에서 탄생하는 거야.
여러 나라의 개성 가득한 음식 문화를 바로 알고
경험하면 세계 여행을 떠나는 것만큼이나 즐거울걸. 약속해!

가까운 이웃 중국과 일본

따사로운 햇살이 쏟아지는 5월, 오늘도 토토는 발걸음 가볍게 삼촌네 식당으로 향했습니다. 살랑이는 바람이 기분 좋게 토토의 얼굴을 쓰다듬어 주었습니다.
"삼촌, 나왔어, 엇!"
토토는 주방 안에서 낯선 얼굴을 발견하고 깜짝 놀랐습니다. 얼굴이 동그란 아저씨와 얼굴이 갸름한 아주머니가 삼촌의 주방을 차지하고 부산하게 움직이고 있었기 때문이지요. 그때 바닥 청소를 하던 삼촌이 다가와 토토의 어깨를 툭 쳤습니다.
"삼촌 친구들이야. 인사해야지?"
토토는 얼떨결에 고개를 숙여 인사했습니다.
"아, 안녕하세요? 삼촌 조카, 토토입니다."
"니하오! 나는 왕밍, 중국 사람이에요."
아저씨가 자신의 얼굴처럼 동그랗고 커다란 웍을 앞뒤로 흔들면서 말했습니다.
"곤니찌와! 나는 후쿠다. 일본 사람입니다, 호호호. 토토, 아주 귀엽습니다!"
갸름한 얼굴의 아주머니가 날렵하게 생긴 칼을 내려놓고 말했습니다.
토토는 처음 보는 사람들이 삼촌의 주방을 차지하고 있다는 사실이 당황스러웠습

니다. 삼촌은 주방에 아무나 들이지 않거든요. 주방은 칼과 불을 다루는 곳이라 위험하기도 하고, 요리사에게는 가장 중요한 공간이니까요. 토토는 영문을 몰라 삼촌을 쳐다보며 눈을 껌벅였습니다.

"아, 오늘 특별히 이 친구들에게 주방을 내줬어. 자기 나라 음식을 직접 맛보여 주고 싶다고 해서 말이야."

"우아, 중국과 일본 음식은 우리나라 음식과 얼마나 다를지 궁금해요!"

토토는 구석 자리에 앉아 삼촌의 외국인 친구들이 요리하는 모습을 물끄러미 바라보았습니다.

"토토, 이거 먹어 봐요. 맛있어요."

어느새 왕밍 아저씨가 커다란 접시에다 먹음직스러운 갈색과 붉은색이 도는 볶음 요리를 푸짐하게 담아 왔습니다. 볶음 요리에서 입맛을 당기는 냄새와 함께 매콤한 향이 풍겼습니다. 토토는 얼른 접시를 받아서 식탁에 놓았습니다.

"우아, 이건 무슨 요리예요?"

"응, 이거 궁바우지딩이라고 해."

"궁바……요?"

"궁, 바, 우, 지, 딩"

왕밍이 다시 한 번 요리 이름을 또박또박 말해 주었습니다.

"깍둑썰기한 닭고기를 튀긴 다음, 땅콩, 고추 등과 함께 볶아 낸 요리예요. 짭짤하면서도 매콤달콤한 양념으로 맛을 내서 한국 사람들 입맛에도 잘 맞는답니다."

토토가 킁킁거리자, 왕밍이 젓가락을 챙겨 주며 맛을 보라고 재촉했습니다. 토토는 닭고기와 땅콩을 함께 집어 입에 넣었습니다. 왕밍의 말대로 고추의 매콤한 향과 달짝지근한 맛이 어우러졌고, 땅콩이 오도독 함께 씹히면서 고소함이 퍼졌습니다.

"와, 여러 가지 맛이 한꺼번에 느껴져요. 정말 맛있어요."

토토의 반응에 왕밍 아저씨는 무척 신이 나 보였습니다.

"우리 중국의 음식은 종류가 어마어마하게 많아요. 중국의 모든 요리를 맛보려면 평생 먹어도 다 먹지 못할걸요? 제비 집이나 상어 지느러미처럼 독특한 재료로 만든 요리도 있어요! 중국은 지역별로 음식의 특징도 아주 뚜렷해요. 땅이 워낙 크다 보니 기후와 지리 환경이 너무나 달라서 저마다 특별한 색을 가지게 되었답니다. 심지어 서로 말이 통하지 않는 지역들도 있다니까요! 하지만 공통적으로 속이 깊은 팬인 웍을 이용해서, 센 불에서 재빨리 볶는 조리법을 많이 써요. 이런 볶음 요리를 '샤오차오'라고 합니다. 기본양념으로 소금과 간장, 된장을 주로 쓰고요. 여기에 후추나 정향 같은 각종 향신료와 매운맛이 나는 마른고추 등을 더하기도 하지요. 중국 음식은 단맛, 짠맛, 신맛, 매운맛, 쓴맛들을 오묘하게 섞어서 한 요리 안에서도 풍부한 맛을 느낄 수 있어요. 아, 물론 다양한 면 요리와 만두 요리도 빼놓을 수 없고요."

왕밍 아저씨의 이야기에 귀를 기울이는 동안 갸름한 얼굴의 후쿠다 아주머니가 기다란 접시에 모양과 색깔

이 가지각색인 초밥 한 접시를 탁자 위에 가져다 놓았습니다. 흰살 생선, 붉은 살 생선, 새우, 연어 알, 계란말이 등을 밥 위에 얹은 화려한 초밥 접시가 토토의 눈을 확 사로잡았습니다. 후쿠다 아주머니가 초밥 접시를 가리키며 말했습니다.

"이제 내 차례입니다, 토토군. 이것 좀 먹어 봐요."

토토는 맑고 붉은빛이 도는 연어 알을 얹은 초밥 한 점을 간장에 살짝 찍어서 입 속에 쏙 밀어 넣었습니다. 입안에서 톡톡 터지는 연어알과 함께 밥알 하나하나가 살아 있는 듯 매끄럽고 쫀득하게 씹혔습니다. 토토의 얼굴에 저절로 미소가 떠올랐지요. 후쿠다 아주머니가 두 손을 모으고 지켜보다 물었습니다.

"토토군, 맛이 어떻습니까?"

"정말 맛있는 초밥이에요. 밥알이 탱글탱글 살아 있어요."

"우리 일본 요리는 깔끔함이 생명입니다. 일본 요리는 대부분 쌀밥에 어울리도록 만듭니다. 그러니까 무엇보다 밥을 잘 짓는 것이 아주 중요합니다. 모든 요리의 기본이랄까?"

"그건 우리나라도 마찬가지에요."

토토의 말에 후쿠다 아주머니가 웃으며 대답했습니다

"맞아요. 한국도 밥 짓기를 중요하게 생각하지요? 일본 요리는 한국과 비슷한 면이 많아요. 그러면서도 일본만의 고유한 성격도 강해요. 우선 계절을 느낄 수 있는 요리 재료나 상차림을 중요하게 여겨요. 또 음식의 담백한 맛을 살리는 데 신경을 많이 써요."

"아, 삼촌이 일본 음식은 눈으로 보는 요리라고 했어요!"

토토가 얼른 한 마디 거들었습니다. 후쿠다 아주머니 얼굴에서 잔잔한 미소가 피어났습니다.

"맞아요. 일본 음식은 그릇에 담는 모양이나 재료의 손질에 신경을 많이 쓰는 편이에요. 물론 보통 가정에서 다 그렇게 하지는 않지요. 저도 집에서는 편하게 만들어 먹어요. 호호."

삼촌도 토토 어깨 너머로 젓가락을 슥 내밀어 초밥 하나를 집었습니다.

"우리나라, 중국, 일본은 가장 가까운 이웃이지만 나라마다 이렇게 요리의 특징이 뚜렷해. 하지만 기본적으로 밥을 주식으로 하고 반찬과 탕을 곁들여 먹는다는 공통점이 있지. 또 장을 담가 요리의 간을 맞추는 방식도 비슷하고. 서로 비슷한 것 같으면서도 너무도 다른 음식 문화를 살펴보면 정말 재밌단다."

왕밍 아저씨가 말했습니다.

"우리 중국 요리는 끝없이 다양하고 풍부해요."

후쿠다 아주머니도 끼어들었습니다.

"우리 일본 요리는 생선을 다루는 데는 세계 최고예요."

두 사람이 서로 자랑을 늘어놓는 동안 토토와 삼촌은 두 나라 음식을 조금씩 덜어서 다시 맛을 보기 시작했습니다.

동남아시아의 대표 음식
동남아시아에서는 무얼 먹을까?

동남아시아는 인도차이나반도와 말레이반도, 그 주변 섬나라 지역을 가리켜. 베트남, 캄보디아, 라오스, 태국, 미얀마, 싱가포르, 말레이시아, 인도네시아, 필리핀 등 아주 많은 나라가 있지. 대부분의 나라가 기온이 높고 강수량이 풍부해 벼농사가 발달했어. 무역에 유리한 위치에 있고, 자원이 풍부한 곳이어서 일찍부터 다른 지역과 교류가 활발했어. 그 때문에 강대국의 잦은 침입과 지배를 받아야만 했던 아픈 역사도 있지. 그래서 나라마다 인종과 종교, 문화도 아주 다양하고 개성이 뚜렷해.

동남아시아 지역의 음식도 독특하고 개성 있는 맛으로 세계인의 사랑을 받고 있어. 그중에서도 특히 맛있는 음식이 많기로 소문난 베트남과 태국의 요리에 대해 알아볼까?

베트남은 중국, 프랑스, 일본, 미국 등 외세의 침입 때문에 역사적으로 우여곡절을 많이 겪었어. 하지만 늘 역경을 잘 헤쳐 온 강인한 나라야. 18세기 중반에는 청나라 군대의 침입을 물리쳤어. 19세기 중반에서 20세기 중반까지는 프랑스 식민지였지만 끈질긴 투쟁 끝에 독립을 이루었어. 1960년부터 1970년대 중반까지 벌어진 미국과의 전쟁에서 승리한 경험도 있지. 그래서인지 베트남 사람들은 역

여러 향신 채소를 듬뿍 넣어 먹는 베트남 소고기 쌀국수 퍼보야.

프랑스 빵인 바게트를 베트남식으로 만든 빵을 이용한 샌드위치 반미야.

사적 자부심이 대단하단다. 베트남 요리는 고유의 전통을 바탕으로 중국과 프랑스 요리의 영향을 받아서 동서양의 입맛을 모두 만족시키는 음식이 많아.

베트남 사람들은 밥과 국수를 주식으로 하는데, 고기보다는 채소를 훨씬 많이 먹는 식습관을 가지고 있어. 어떤 요리든지 싱싱한 채소를 듬뿍 곁들여서 건강에 좋고, 우리나라 사람들 입맛에도 잘 맞는 편이야.

세계인의 입맛을 사로잡은 대표적인 베트남 음식으로는 쌀국수 '퍼'가 있어. 퍼는 소고기나 닭고기 등을 우려낸 국물에 쌀국수를 말아 먹는 요리를 말해. 소고기 쌀국수는 '퍼보', 돼지고기 쌀국수는 '퍼헤오', 닭고기 쌀국수는 '퍼가'라고 해. 육수를 부은 쌀국수가 나오면 고추나 칠리소스로 매운맛을 더하고 채소를 듬뿍 넣어서 먹으면 돼. 보통 숙주를 곁들여 먹고 박하, 고수 같은 향이 강한 채소도 넣어서 즐긴단다.

태국의 국물 요리 똠얌꿍은 우리나라의 신선로처럼 생긴 그릇에 넣어 보글보글 끓여 먹기도 해.

한편 태국은 베트남과 달리 외세의 침입을 거의 받지 않고 오랫동안 고유의 전통을 지켜 왔어. 지금도 강한 권위를 자랑하는 왕실이 있는 나라지.

태국 음식은 강렬한 매운맛과 톡 쏘는 신맛, 특유의 달고 짠맛 등이 어우러져서 사람들의 미각을 자극해. 지리적으로 인도와 중국의 영향을 많이 받은 덕분에 풍성한 향을 지닌 수백 가지 향신료를 요리에 적극적으로 활용한단다. 독특하면서도 자극적이고, 화려하면서도 풍성한 맛은 한번 맛보면 잊을 수가 없을 정도야.

새콤 달콤 짭짤한 맛이 잘 어우러진 태국의 볶음면 요리 팟타이야.

대표적인 태국 음식으로는 '똠얌꿍'을 들 수 있어. 세계 3대 수프로 꼽히는 국물 요리야. '새우를 넣어 새콤하게 끓인 국물'이란 뜻이지. 레몬그라스, 라임 잎, 갈랑가 잎, 고추, 코코넛 밀크 등 갖가지 향신료로 국물 맛을 내고 새우와 버섯 등을 넣어 끓여 내는데, 매콤하면서도 새콤한 맛이 난단다.

 카레의 나라, 인도

기다리던 점심시간! 급식으로 토토가 좋아하는 카레가 나왔습니다. 황금빛 소스에 감자와 당근, 양파, 고기가 먹음직스럽게 들어 있었지요. 토토는 밥과 카레를 쓱쓱 비벼 한입 가득 넣었습니다. 매콤하고 은은한 향이 입 안 가득 퍼졌습니다.

"삼촌, 오늘 학교에서 카레를 먹었어요!"

오늘도 삼촌 식당에 들른 토토는 의자에 가방을 내려놓으며 큰 소리로 말했습니다.

"우아, 맛있었겠네."

삼촌이 씨익 웃어 주었습니다. 그때 누군가 식당 문을 똑똑 두드렸습니다. 문 앞에는 터번을 쓰고 눈부시게 하얀 옷을 입은 사람이 서 있었습니다.

"나마스테. 안녕하세요. 옆 골목에 새로 식당을 연 인도 사람, 라제시입니다. 인사하러 왔어요. 인도 음식 좀 맛보실래요?"

삼촌이 흔쾌히 대답했습니다.

"어서 들어오세요. 시간 괜찮으시면 차라도 드릴까요?"

라제시가 활짝 웃으며 고개를 끄덕였습니다. 그리고 성큼 들어와 식탁 위에 바구니를 내려놓았습니다. 바구니 안에는 주전자처럼 손잡이가 달리고 주둥이가 길쭉한 은

빛 그릇과 커다랗고 납작한 빵이 들어 있었습니다. 토토는 라제시에게 다가가 인사했습니다.

"안녕하세요, 라제시 아저씨. 저는 토토예요. 오늘 학교에서 카레를 먹었는데. 인도 음식 맞죠?"

라제시가 빙그레 웃으며 대답했습니다.

"한국 사람들이 즐겨 먹는 카레는 인도의 카레와는 많이 다르답니다."

토토가 고개를 갸우뚱하며 대꾸했습니다.

"정말요? 인도 카레와 우리나라 카레는 어떻게 달라요?"

라제시는 삼촌에게 그릇을 달라고 부탁한 뒤 토토에게 말했습니다.

"카레는 원래 반찬을 뜻하는 남인도의 말 '카리'에서 나왔어요. 여러 종류의 향신료를 넣어 끓인 스튜라고 할 수 있지요. 유럽에서는 '커리'라고 하고, 일본과 한국에서는 '카레', 태국에서는 '깽'이라고 불러요. 세계 곳곳으로 퍼져 나가면서 각 나라 입맛에 맞게 조금씩 달라졌답니다. 자, 먹어 봐요. 제가 만든 진짜 인도 카레예요."

토토는 신이 났습니다.

"우아, 원조 카레라니! 기대돼요."

라제시는 주전자 같은 은빛 그릇을 기울여 엷은 주황빛이 도는 카레 소스를 그릇에 따라 주었습니다.

"이것은 인도 사람들이 거의 날마다 먹는 '달'이라는 카레 소스입니다. 부드럽게 삶은 콩에 마살라를 넣어서 만든답니다. 콩의 종류에 따라 달의 맛과 모양이 조금씩 다릅니다. 인도에서는 한국의 된장국만큼이나 흔히 먹는 음식이랍니다."

토토가 처음 듣는 단어를 놓치지 않고 물었습니다.

"라제시 아저씨, 그런데 마살라가 뭐예요?"

라제시는 기다렸다는 듯이 두 눈을 반짝이며 말했습니다.

"한국 요리는 기본양념으로 간장, 된장, 고추장을 주로 사용하지요? 인도 음식에는 마살라가 들어간답니다. 마살라는 여러 식물의 열매나 씨앗, 혹은 잎과 뿌리 등을 갈아서 만든 향신료예요. 그 종류가 정말 많아요. 한마디로 마살라는 복합 향신료를 가리키는 말이지요. 가장 간단한 카레 소스를 만들 때도 스무 가지가 넘는 재료(커큐민, 강황, 후추, 계피, 겨자씨, 생강, 마늘, 박하, 고추, 정향 등)가 들어가요. 마살라 없는 인도 음식은 생각할 수도 없답니다."

토토는 그릇에 새끼손가락을 살짝 찍어 달 맛을 보았습니다.

"오, 고소하고 부드러우면서도 여러 가지 맛이 나는 신기한 맛이네요? 우리가 먹던 카레와 정말 맛이 다른 것 같아요."

"손으로 카레를 먹다니, 여기서 고향 사람을 만난 것 같군요."

라제시가 토토를 향해 감동한 듯한 눈길로 말했습니다.

"헤헤, 맛이 너무 궁금해서 그만……. 그러고 보니 인도에서는 밥을 먹을 때 손을 쓰지요?"

"맞아요. 우리 인도인은 깨끗함을 상징하는 오른손으로 음식을 먹습니다. 우리는 자기 손으로 음식을 먹는 것이 식기를 사용하는 것보다 더 위생적이라고 믿는답니다. 여럿이 쓰는 식기는 이미 누군가가 사용한 것이지만, 내 손은 내 입에만 들어가니까요. 인도는 무더운 기후여서 전염병이 돌기 쉬워요. 그래서 우리 인도인들이 찾은 위생법이라고 할 수 있지요. 인도의 남쪽으로 내려가면 숟가락뿐 아니라 접시도 바나나잎으로 만들어서 한 번 쓰고 버린답니다. 심지어 토기로 만든 잔도 한 번 쓰고 바닥에 깨뜨려 버리지요."

토토 옆에 앉아 라제시의 이야기를 듣던 삼촌이 고개를 끄덕이며 말했습니다.

"손으로 음식을 먹는 데는 그런 문화적 배경이 있었군요. 그런데 이 빵은 혹시 난 아닙니까?"

"네, 맞습니다. 난은 인도의 전통 빵이에요. 밀가루 반죽을 발효시켜 구운 것입니다. 반죽에 다진 마늘을 넣거나 치즈, 버터 따위를 넣어 색다르게 만들기도 합니다. 카레에 찍어 먹어 보세요."

토토가 난을 뜯어서 입에 넣고 천천히 씹어 보았습니다.

"아주 촉촉하면서도 쫄깃해요. 담백한 맛이에요."

라제시가 활짝 웃으며 말했습니다.

"네, 이 난은 마늘을 갈아 넣고 반죽해서 향이 좋고 담백합니다. 한국 사람들 입맛에 잘 맞지요."

삼촌도 난을 먹어 보고는 엄지를 들어 보이며 라제시에게 물었습니다.

"난은 어떻게 만드는 건가요?"

"네, '탄두르'라는 화덕에서 굽는답니다. 탄두르는 인도 어디에서든 볼 수 있는데, 진흙으로 항아리처럼 빚은 원통형의 가마입니다. 난은 탄두르의 안쪽 벽에 반죽을 붙여서 굽는답니다. 석탄이나 나무를 이용해 가마 바닥에 불을 놓는데, 한번 불을 붙이면 480도 가까이 높은 온도를 유지하지요."

"그렇다면 인도의 대표 음식인 탄두리 치킨도 탄두르에서 굽나요?"

삼촌이 두 눈을 반짝이며 다시 물었습니다.

"네네, 맞습니다. 잘 아시는군요. 탄두리 치킨을 만들기 위해서는 닭 한 마리를 요구르트에 몇 시간 동안 재워야 합니다. 이 요구르트는 계피, 커민, 후추, 정향, 붉은 고추, 다진 마늘, 생강즙을 비롯한 각종 향신료를 넣어 맛을 낸 것이지요. 잘 재운 닭을 꼬챙이에 꿰어 탄두르 안에서 굽습니다. 한쪽 면이 타지 않게 돌려가면서 구워야 해요."

"탄두리 치킨은 어떻게 만드는지 궁금했는데 직접 보고싶네요. 우리 식당에 오시는 손님들에게도 라제시의 인도 음식을 추천하겠습니다."

"하하, 그렇게 해 주시면 정말 고맙지요."

라제시가 바구니를 챙겨 들고 자리에서 일어났습니다. 삼촌도 함께 일어나 라제시에게 인사를 건넸습니다.

"라제시 아저씨, 맛있게 잘 먹었습니다. 다음에는 삼촌이랑 같이 인도 카레를 먹으러 갈게요!"

"꼭 놀러 와요, 토토."

라제시는 삼촌과 토토에게 환한 웃음을 지어 보이며 돌아갔습니다.

세계의 카레
카레, 어디까지 먹어 봤니?

인도는 세계에서 일곱 번째로 큰 나라야. 그만큼 인종·기후·종교도 아주 다양한 곳이지. 그에 따라 음식 문화도 아주 다양하게 발전했어.

인도 사람 열에 여덟은 힌두교를 믿어. 힌두교에서는 소를 신성하게 여겨서 소고기를 먹지 않는단다. 힌두교에서 가장 중요한 신 중 하나인 시바 신이 소를 타고 이 세상에 왔다고 믿기 때문이야. 인도는 힌두교뿐 아니라 불교, 자이나교, 시크교가 태어난 곳이야. 그래서 인도를 '종교의 나라'라고 부르기도 하지. 이렇듯 종교의 영향력이 아주 큰 인도에서는 채식을 하는 인구도 아주 많아. 그래서 카레를 만들 때도 채식 카레와 육식 카레를 철저히 구분해서 만든단다.

육식 카레라고 해도 소고기나 돼지고기보다는, 양고기나 닭고기를 주로 사용해서 만들어. 채식 카레로는 렌틸콩으로 만든 '달'이 가장 흔해. 감자(알루), 완두콩(무테르), 꽃양배추(고비), 양배추(반다고비), 가지(바이간), 토마토(타마타르), 시금치(팔락) 등 주재료에 따라 아주 다양한 카레가 있지.

또 인도와 가까운 나라에서도 카레를 많이 먹어. 인도 북부와 가까운 파키스탄과 네팔은 물론이고, 인도 남부와 근접한 동남아시아 지역에서도 즐겨 먹어. 동남

채식주의자들도 맛있게 즐길 수 있는 인도 카레야.

영국인들이 좋아하는 치킨 티카 마살라야.

우리에게 익숙한 일본의 카레라이스야.

아시아의 카레는 매운 고추와 코코넛 등을 넣어 독특한 풍미가 있어. 그리고 해산물을 넣어 만든 카레도 즐겨 먹지. 인도의 카레보다는 향이 좀 약한 편이야.

또 인도는 100여 년 간 영국의 식민 지배를 받은 아픈 역사를 가지고 있어. 그 과정에서 자연스레 영국에도 인도의 식문화가 전해지게 되었지. 영국 사람들은 향신료 맛이 풍부하게 나는 카레를 아주 좋아했어. 18세기 초 '시앤비(C&B)'라는 영국 식품 회사가 영국인들 입맛에 맞는 카레 가루를 개발했지. 덕분에 영국 사람들은 간편하게 커리를 만들어 먹을 수 있게 됐고, 곧 세계 여러 나라로 카레 가루가 퍼져나갔어. 오늘날 영국인들은 '치킨 티카 마살라' 카레를 아주 좋아해. 영국군의 전투 식량에도 들어갈 만큼 사랑받는 음식이 됐단다.

영국의 커리 가루는 일본에도 전해졌는데 쌀이 주식인 일본 사람들은 쌀밥에 카레를 부어 먹는 형식으로 발전시켰어. 이것이 우리나라에도 전해져 오늘날 즐겨 먹는 카레라이스가 된 거야.

영국의 치킨 티카 마살라, 일본의 카레라이스는 모두 인도의 카레에서 발전했지만 자신들만의 독특한 개성으로 발전시킨 고유한 음식이 되었단다.

서양식 요리의 기본, 유럽

　6월 한낮의 태양이 제법 따가워지기 시작했습니다. 토토는 부쩍 더워진 날씨에 입맛을 잃었습니다.
　'삼촌이 색다른 음식을 해 주면 좋겠다…….'
　토토는 흐르는 땀을 닦으며 식당 문을 열었습니다.
　"앗! 여기 삼촌 식당이 아닌가?"
　토토는 황급히 식당 문을 닫고 눈을 비비며 간판을 확인했습니다. 그때 누군가 입구로 다가와 문을 열었습니다. 금발에 초록 눈을 가진 젊은 여자였습니다.
　"네가 토토지? 삼촌은 지금 시장에 갔어. 어서 들어와."
　"아, 네! 응?"
　토토는 얼떨떨한 얼굴로 식당 안에 들어섰습니다. 안으로 들어서니 한 사람만 있는 게 아니었습니다. 문을 열어 준 사람과 비슷한 나이로 보이는 빨간 머리 여자와 유난히 코가 큰 갈색 머리 남자, 이렇게 세 명의 외국인이 모여 있었습니다.
　"반가워, 토토. 우리는 삼촌 친구들이야. 여기 식당 단골이고. 우린 유럽에서 왔어. 편하게 삼촌, 이모라고 부르렴."

빨간 머리에 키가 큰 여자가 말했습니다.

"후유, 안녕하세요? 한국말을 엄청 잘하시네요. 영어로 말해야 하나 긴장했는데."

"하하하, 우리도 다 영어 잘 못해. 우리 모두 영어를 안 쓰는 나라에서 왔어."

빨간 머리 이모가 토토의 어깨를 가볍게 두드리며 말했습니다. 토토는 마음이 한결 편해졌습니다.

"오늘 우리가 이 식당을 빌렸어. 이제 곧 각자 자기 나라 요리를 시작할 건데…… 토토도 좋아하는 음식이면 좋겠다."

건너편에 앉은 갈색 머리 삼촌이 말했습니다.

"이야, 다양한 유럽 음식을 만날 수 있겠네요? 신난다!"

"그래? 잘됐다. 그럼 우리가 만든 요리 중에 뭐가 제일 맛있는지 솔직하게 이야기해 줄래? 서로 내기했거든. 자기 나라 요리가 제일 맛있을 거라고. 하하하."

금발 이모가 말했습니다. 셋은 이내 주방에 들어가 한국말로 웃고 떠들며 음식 만들기에 열중했습니다.

빨간 머리 이모가 가장 먼저 파스타를 내 왔습니다. 익숙한 스파게티 면이 아니라 손가락만 한 길이에 속이 비어 있는 파스타였습니다.

"나는 이탈리아 사람 마리아야. 내가 만든 파스타 좀 먹어 볼래? 이렇게 짧은 면을 '펜네 파스타'라고 부른단다."

파스타에서 토마토 향과 알싸한 마늘 향이 솔솔 풍겼습니다. 토토는 포크로 소스가 듬뿍 묻은 펜네 두어 조각을 찍어서 먹어 보았습니다. 그러고는 마치 심사위원이라도 된 것처럼 진지한 눈빛으로 소감을 말했습니다.

"음, 파스타에서 마늘 향이 은은하게 나요. 파스타 안팎으로 토마토소스가 묻어 있어서 그런지 간도 딱 맞고, 음……. 가지도 소스를 잔뜩 머금어서 입안에서 풍부한

감칠맛이 느껴져요."

마리아가 토토의 소감을 듣고는 호탕하게 웃더니 말했습니다.

"오늘 만든 펜네 파스타는 내 고향 시칠리아식으로 만든 거야. 시칠리아는 이탈리아 남쪽에 있는 아름다운 섬이야. 해산물 요리가 많고, 주먹밥 튀김 같은 아란치니가 유명하단다. 그런데 한국의 김치 맛이 집집마다 다른 것처럼 이탈리아도 집집마다 파스타의 개성이 살아있어. 이탈리아는 남북으로 길쭉한 장화 모양의 나라잖아? 이탈리아의 남쪽과 북쪽은 자연 환경이 많이 다르기 때문에 같은 파스타 요리라도 쓰는 재료와 만드는 방법이 달라. 남쪽에서는 요리에 올리브유를 많이 쓰고, 향신료로 마늘을 많이 넣어. 그리고 토마토와 가지 요리가 많아. 북쪽은 밀가루와 쌀의 주산지이고 낙농업이 발달해서 버터와 치즈 같은 유제품을 많이 써. 그래서 깊고 진한 맛의 파스타가 많단다. 다음에 시칠리아에 놀러 와! 내가 더 맛있는 음식들을 해 줄게. 호호호."

이번에는 갈색 곱슬머리를 뒤로 묶은 삼촌이 양쪽에 손잡이가 달린 넓적한 팬을 통째로 들고 나왔습니다.

"나는 스페인 사람 알레한드로야! 파에야를 만들어 봤는데, 자 먹어 봐."

"우아, 파티 음식 같아요. 새우랑 조개도 가득 있고. 짭조름한 바다 냄새가 나요."

토토가 코를 킁킁거리며 팬에 푸짐하게 담긴 쌀 요리를 한입 떠먹어 보았습니다. 알레한드로는 가만히 지켜보다가 말했습니다.

"스페인 사람들은 먹고 마시고 즐기는 것을 아주 좋아해. 스페인은 농업이 발달해서 과일과 채소가 많이 나고, 바다를 끼고 있기 때문에 해산물이 풍부하단다. 한국 사람들처럼 오징어와 문어도 즐겨 먹지. 또 포도주도 유명해. 요리할 때는 이탈리아처럼 올리브유와 마늘, 토마토로 향을 돋우는 편이야. 아, 우리 스페인 사람들은 쌀 요리도 자주 먹는단다. 한국 사람들 입맛에도 잘 맞을걸. 발렌시아 지방의 전통 쌀 요리인 파에야가 굉장히 유명하지."

토토가 파에야를 한 입 더 먹고 나서 말했습니다.

"음, 뭔가 독특한 향이 느껴지는데요? 볶음밥 같기도 하고, 리소토 같기도 하고 어쨌든 정말 맛있어요."

알레한드로가 가지런한 이를 드러내며 환한 웃음을 지었습니다.

"토토, 아주 대단한 코를 가졌구나! 특별히 귀한 향신료를 좀 넣었거든. '사프란'이라는 꽃을 이용한 향신료인데, 아주 값비싼 거란다. 하하."

"어쩐지. 향이 정말 좋다고 생각했거든요. 그런데 파에야는 어떻게 만드는 거예요?"

알레한드로가 어깨를 들썩이고는 대답했습니다.

"토토에게만 특별히 해물 파에야 맛있게 만드는 비법을 알려 주지. 일단 조개, 오징어, 새우 등의 해물을 삶아서 건지고, 국물은 따로 보관해. 그다음, 팬에 올리브유를 두르고 익힌 해물과 씻은 쌀을 함께 볶아. 이때 완두콩이나 제철 채소도 같이 넣어 주면 좋아. 적당히 볶았다 싶으면 여기에 남겨 뒀던 해물 육수를 부어 줘. 그리고 사프란과 토마토를 넣고 뚜껑을 닫은 다음 약불

에 올려 두고 10분~15분 기다리는 거야. 볶음밥이랑 좀 비슷하지? 참, 사프란이 없으면 안 넣어도 돼."

"꼭 해물만 넣나요?"

"고기를 더 좋아하니? 그럼 아로스 콘 포요를 만들어 먹으면 돼. 닭고기를 넣어 만든 파에야야. 네가 원한다면 그것도 만들어 줄 수 있어."

토토는 알레한드로의 과장된 몸짓과 말투가 재미있어서 큭큭 웃음이 나왔습니다. 때마침 금발 머리 이모가 김이 모락모락 나는 닭 요리를 식탁에 가져왔습니다.

"이제 내 차례지? 난 프랑스 사람 레아야. 이 요리는 코코뱅이야."

"코코뱅!"

토토는 레아를 따라 요리 이름을 외웠습니다.

"'코코'는 수탉이고, '뱅'은 포도주야. 말 그대로 포도주에 닭을 넣고 푹 고아 만든 국물 요리지. 냄비에 닭고기와 양파, 버섯, 마늘 등 여러 채소를 넣고 포도주를 부어 오랜 시간 끓이는 거야. 여기에 부케가르니(다양한 허브와 향신료를 묶어 만든 다발)로 향기를 더해. 약한 불에 장시간 끓여서 만들기 때문에 살이 질긴 수탉도 부드러워져. 특히 겨울에 많이 먹는 음식이란다."

"그런데 포도주는 술이잖아요! 저는 먹으면 안 되는 거 아니에요?"

"오! 토토, 걱정 마. 알코올 성분은 끓이면 다 날아가니까."

"휴, 깜짝 놀랐어요. 그리고 보니 정말 입안에서 기분 좋은 향들이 은은하게 퍼지네요."

"그게 프랑스 요리의 특징이야. 식재료의 본래 맛을 충분히 살리면서도 수준 높은 요리 기술을 펼쳐서 섬세한 맛을 내지. 맛의 비결은 바로 소스에 있어. 포도주는 다양한 소스를 만드는 데 중요한 역할을 한단다."

토토가 닭다리 살을 포크로 찢어서 채소 건더기와 함께 가득 입에 넣었습니다.

"우아, 닭고기가 정말 부드러워요. 소스도 잘 어울리고요."

"음, 달팽이 요리 에스카르고와 거위 간으로 만든 푸아그라 맛도 훌륭한데."

레아가 활짝 웃으며 말했습니다.

"달, 달팽이요?"

토토가 깜짝 놀라며 물었습니다.

"호호, 놀랐니? 프랑스 요리는 송로버섯, 질 좋은 버터와 치즈, 포도주 같은 독특한 식재료를 사용해서 아주 근사하게 조리한단다. 화려한 궁중 요리가 발달한 덕분이지. 물론 각 지역마다 특색 있는 요리들도 많아."

"음, 프랑스는 어쩐지 미식가들의 천국일 것 같아요. 어떤 신기한 요리들이 있는지 궁금해져요."

토토의 말에 레아가 자랑스레 어깨를 으쓱였습니다. 그때 장을 보러 갔던 삼촌이 식당에 돌아왔습니다. 삼촌은 커다란 장바구니를 안고 끙끙대며 등으로 문을 밀고 들어왔습니다.

"나 없는 사이에 근사한 식탁을 완성했구나? 잘됐다. 정말 배가 고프던 참이거든."

토토와 삼촌, 그리고 세 친구는 각 나라의 특색이 듬뿍 담긴 요리를 맛보며 날이 어두워지도록 서로의 음식과 문화에 대해 즐거운 대화를 나눴습니다.

유럽의 대표 음식
유럽에서는 무얼 먹을까?

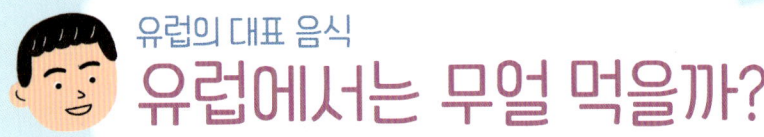

　유럽은 다양한 기후와 지리 환경 속에서 오랜 시간 동안 여러 인종이 크고 작은 나라를 이루며 살아 온 지역이야. 문화와 정치, 경제면에서 세계를 좌우했던 나라들이 많았지. 그만큼 개성 넘치는 여러 음식 문화가 싹텄어.

스웨덴의 스뫼르고스토르타
빵과 마요네즈, 달걀, 피클, 새우, 연어 등을 겹겹이 쌓아서 만든 샌드위치 케이크야. 각자 접시에 덜어 먹어.

노르웨이의 그라브락스
연어를 소금과 설탕, 딜, 후추로 절여서 먹는 음식이야. 북유럽 나라 어디서나 즐겨 먹어.

헝가리의 굴라쉬
고기, 감자, 당근, 양파, 파프리카를 넣고 오래 끓인 매콤한 스튜야. 몸을 따뜻하게 녹여 주지.

러시아의 비프 스트로가노프
길쭉하게 썰어 볶은 소고기에 러시아식 사워크림인 스메타나를 소스로 곁들인 요리야.

그리스의 무사카
얇게 썬 가지 사이에 다진 고기와 토마토, 양파 등을 볶은 소를 층층이 쌓고 맨 위에 베샤멜 소스를 얹어 오븐에 구운 요리야.

터키의 괴즐레메
얇은 밀가루 반죽 위에 시금치, 치즈, 감자 등의 토핑을 올리고 접어서 철판에 구워 먹는 음식이야.

서양식 식사 예절
왼손에 포크, 오른손에 나이프를!

오늘날 우리가 알고 있는 서양식 요리법은 대개 프랑스 요리법에서 시작되었어. 식사 예절도 프랑스식 예법에서 비롯된 것들이 많지. 옛날 프랑스 왕과 귀족들은 호화로운 생활을 하기로 유명했어. 이들은 까다로운 입맛을 자랑하며 점점 더 고급스러운 요리를 추구하게 되었지. 그래서 오늘날 프랑스 요리가 고급스럽다는 명성을 얻었고, 서양 요리의 중심이 된 거야.

고급 양식당에 가서 서양식 코스 요리를 주문하면 입맛을 돋우는 전

중요한 행사나 모임이 있을 때 차리는 격식을 갖춘 정찬 상차림이야. 보통은 이것보다 간소한 상차림으로 식사를 해.

채 요리로 시작해서 수프–생선–고기–샐러드–후식 순서로 음식이 나온단다. 이런 정식 코스 요리는 대개 프랑스의 정찬 방식을 따르고 있어.

포크와 나이프, 스푼이 너무 많아서 어느 걸 써야 할지 모르겠다고? 당황할 필요 없어. 음식이 나오는 순서대로 양 바깥쪽에 있는 것부터 사용하면 돼. 왼손으로 포크를, 오른손으로 나이프를 사용하렴. 아, 빵은 손으로 떼어 먹고, 냅킨은 목에 두르지 말고 무릎에 펴 놓으면 돼.

이런 자리에 초대 받았다면 지켜야 할 식사 예절도 까다로워. 모임에서 연장자가 재킷을 벗지 않으면 다른 사람들도 입고 있어야 해. 재채기를 하거나 코를 푸는 것은 아주 예의 없는 행동이야. 먹을 때 쩝쩝 소리를 내거나, 입에 음식을 가득 넣고 말하는 것도 실례란다. 또 팔꿈치를 식탁 위에 올려놓아선 안 돼. 식사 중에는 포크와 나이프를 여덟 팔(八)자 모양으로 놓고, 식사를 마치면 나이프와 포크를 4시 방향으로 접시 위에 나란히 올려놓아야 한단다.

소박하고 건강한 식탁, 아프리카

어느덧 한여름이 되었습니다. 30도가 넘는 고온에 습도까지 높아서 온몸이 끈적거리는 날이 며칠째 이어졌습니다. 토토는 땀을 뻘뻘 흘리며 식당 문을 열었습니다.
"헥헥, 삼촌, 시원한 물 좀 주세요!"
삼촌이 냉장고에서 차가운 보리차를 꺼내 컵에 따라 주었습니다.
"여름 끝나려면 아직 멀었는데 벌써 더위에 지치면 어떡하니?"
토토는 순식간에 물 한 컵을 벌컥벌컥 다 들이켰습니다.
"하아. 이제 살 것 같다. 여름 한 계절 견디기도 이렇게 힘든데 일 년 내내 더운 아프리카에서는 어떻게 살까요?"
삼촌이 깜짝 놀란 듯 토토에게 되물었습니다.
"어, 어떻게 알았어? 마침 오늘 아프리카에서 특별한 손님들이 오기로 했는데, 우리 직접 물어볼까?"
그때 식당 문이 열리더니 커다란 눈에 곱슬머리를 한 남자와 역시 큰 눈에 여러 가닥으로 땋은 머리를 묶은 여자가 들어왔습니다. 남자는 큰 눈으로 식당 안을 여기 저기 살피더니 삼촌에게 인사했습니다.

"안녕하세요. 여기 토토스 키친 맞지요?"

삼촌은 두 사람에게 가운데 의자에 앉기를 권했습니다.

"맞아요. 잘 찾아오셨네요. 지난번에 알레한드로한테 이야기 들었습니다."

토토가 멋쩍게 서 있다가 두 사람과 인사를 나누었습니다.

"안녕하세요. 저는 토토입니다."

길게 땋은 머리의 여자가 토토에게 악수를 청하며 말했습니다.

"안녕, 토토. 나는 아브나, 저분은 코피. 우리는 가나 사람이에요. 삼촌이 아프리카 요리를 배우고 싶다고 해서 왔어요."

삼촌이 고개를 끄덕이며 말했습니다.

"이렇게 와 주셔서 정말 고맙습니다."

삼촌이 토토에게 고개를 돌려 말했습니다.

"지난번에 왔던 유럽 친구들에게 아프리카 요리는 어떨지 궁금하다고 했더니, 마침 알레한드로가 한국어학당에 함께 다니는 가나 친구가 있다는 거야. 그래서 오늘 특별히 아프리카 가나의 요리를 배워 보려고 부탁드렸어."

코피와 아브나가 새하얀 치아를 드러내며 미소 지었습니다. 토토는 무언가를 생각하는 듯하다가 조심스레 코피에게 물었습니다.

"가나는 초콜릿으로 유명한 나라 맞죠? 헤헤. 그런데 정확히 어디에 있는 나라인지 잘 모르겠어요. 알려주시면 안 돼요?"

코피가 이마에 흐르는 땀을 닦으며 대답했습니다.

"그럴 수 있어요. 한국에서 아프리카는 아주 멉니다. 가나는 아프리카 대륙의 서쪽 바닷가인 기니만에 있어요. 아프리카는 아시아 다음으로 큰 대륙이에요. 대륙 한가운데 적도가 지나요. 그래서 무더운 지역이 많아요. 가나도 일 년 내내 아주 더워요. 적도 가까이에 있거든요. 하지만 아프리카라고 다 덥지 않아요. 남쪽으로 내려가면 아주 시원하고 건조한 나라도 있어요."

토토는 머릿속으로 드넓은 아프리카 초원에서 사자, 얼룩말, 기린, 치타, 코끼리가 뛰어다니는 모습을 그리며 물었습니다.

"아프리카 대륙은 동물의 왕국이잖아요. 그럼 신기한 동물 고기도 많이 먹나요?"

그러자 아브나가 대답했습니다.

"음, 우리도 보통은 소고기, 닭고기, 염소 고기 같은 육류를 먹어요. 가끔은 야생 동물의 고기를 먹지만. 지역에 따라서는 악어나 낙타, 들쥐 같은 특별한 고기를 먹기도 하죠. 물론 아주 특별한 일이긴 해요."

"헉, 악어랑 들쥐도요? 무슨 맛일지 상상이 안 돼요."

토토가 화들짝 놀라 물었습니다.

"그러면 아프리카 사람들은 무얼 많이 먹나요?"

"우리 아프리카에서는 옥수수, 쌀, 수수 같은 곡류를 많이 먹어요. 또 고구마 같은 뿌리 채소도 많이 먹어요. 거기에 채소와 고기를 볶고 끓여서 만든 국이나 반찬 혹은 샐러드를 곁들여 먹어요. 아프리카 사람들은 섬유질이 듬뿍 든 음식을 많이 먹어서 장이 아주 튼튼합니다."

코피가 배를 탕탕 두드리며 대답했습니다. 아브나가 옆에서 거들었습니다.

"아프리카 사람들의 음식 문화도 이제는 다른 대륙의 사람들과 비슷해지고 있어요. 아프리카의 여러 나라에서 중동식 케밥, 유럽식 샌드위치까지 다양한 음식을 접할 수 있답니다. 우리 가나 사람들은 아침으로 빵과 코코아를 주로 먹어요. '브로도'라고 부르는 큰 빵 속에 열대 과일이나 샐러드를 넣어서 먹지요. 가나는 초콜릿으로 유명한 만큼 코코아도 많이 마셔요."

삼촌이 옆에서 불쑥 물었습니다.

"가나의 전통 음식은 뭐가 있을까요? 무척 궁금합니다. 하하."

"음, 방쿠와 켄케 그리고 푸푸가 있어요. 방쿠는 옥수숫 가루를 뜨거운 물에 반죽하면서 익혀서 적당한 크기로 만들어 먹어요. 켄케는 옥수숫 가루를 반죽하다가 절반쯤 익었을 때 바나나잎에 싸서 모양을 만들고 다시 찐 거예요. 둘 다 발효 음식인데, 켄케가 더 많이 발효된 것이라 신맛이 많이 나요. 방쿠, 켄케를 먹을 때는 생선이나 고기를 넣어서 걸쭉하게 끓인 스튜에 담가 먹어요. 아니면 토마토와 고추를 갈아 만든 소스에 찍어 먹지요. 양파를 채 썰어서 곁들여 먹으면 더 맛있어요."

코피의 말에 아브나가 이어 말했습니다.

"푸푸는 주로 카사바와 플랜틴으로 만들어요. 먼저 카사바와 플랜틴을 삶아서 긴 막대기로 찧어요. 한국의 떡 인절미 있지요? 만드는 방식도 비슷하고, 맛도 좀 비슷해요. 푸푸는 그릇에 담고 그 위에 국을 부어서 먹는데, 국은 생선이나 고기로 끓인답니다."

삼촌이 눈을 반짝이며 듣고 있다가 한 손으로 주방을 가리키며 말했습니다.

"빨리 가나 요리를 먹어 보고 싶어요. 이제부터 직접 요리를 하면서 천천히 이야기를 나눌까요?"

삼촌과 함께 주방에 들어간 코피는 손을 깨끗이 씻은 다음, 속이 깊은 프라이팬을 집

고구마처럼 뿌리를 먹는 카사바야.

바나나와 닮았지만 단맛이 적은 플랜틴이야.

어들었습니다. 그런 뒤 토마토, 양파를 도마에 올리고는 잘게 다지기 시작했습니다.

"자, 그럼 가나식 볶음밥인 졸로프를 만들게요. 고기와 토마토, 양파 등을 잘게 썰어 볶고, 카레 가루와 향신료를 뿌려서 걸쭉한 소스를 만들어요. 마치 카레라이스 같지요. 이 소스를 길쭉하고 찰기 없는 쌀과 볶으면 완성입니다."

어느새 프라이팬 안에 주황빛을 띠는 졸로프가 완성되었습니다.

이번에는 아브나가 나섰습니다. 아브나는 속이 우묵한 그릇 안에 잘게 다진 양배추를 넣고, 끓는 물에서 막 건져낸 콩과 깍둑썰기를 한 당근을 섞으며 말했습니다.

"생양배추에 삶은 콩과 작게 자른 당근을 넣고 마요네즈에 버무리면 졸로프에 곁들여 먹을 가나식 샐러드가 완성돼요. 졸로프에는 닭튀김을 곁들여 먹기도 하지요.

가나식 닭튀김은 닭을 양파, 마늘, 생강과 함께 물에 넣고 삶은 다음, 튀김옷을 입히지 않고 그대로 기름에 튀겨요. 닭고기에 향이 배어서 아주 맛있어요."

토토는 주방 입구에 서서 두 사람이 요리하는 모습을 지켜보았습니다.

"가나 사람들은 졸로프를 많이 먹어요? 아니면 방쿠랑 푸푸를 더 많이 먹어요?"

코피가 졸로프를 오목한 모양의 접시에 담으며 대답했습니다.

"사실 가나에서는 쌀이 귀한 편이에요. 대신 옥수숫 가루를 반죽해서 찐 음식을 주로 먹지요. 그리고 가나에서는 하루 세 끼를 다 챙겨 먹는다는 생각이 별로 없어요. 아침은 간단히 빵과 음료를 먹고, 점심이나 저녁 한 끼를 푸짐하게 먹는답니다."

토토가 졸로프와 가나식 샐러드를 담은 접시를 식탁으로 나르며 말했습니다.

"가나 음식은 태어나서 처음 먹어 봐요!"

아브나는 가나식 닭튀김을 하려고 닭을 삶을 냄비를 꺼내며 말했습니다.

"가나식 닭튀김은 시간이 좀 걸리니까 먼저 졸로프부터 즐겨 보세요."

코피와 아브나, 삼촌과 토토가 옹기종기 식탁에 둘러앉았습니다.

"아 참, 우리 가나 사람들은 수저나 포크를 쓰지 않고 오른손을 이용해 식사를 하는 것이 전통이랍니다."

코피의 말에 토토가 고개를 끄덕이며 대꾸했습니다.

"엇, 인도 사람들도 오른손으로 먹는다고 했는데. 그럼 저도 가나식으로 먹어 볼게요. 잘 먹겠습니다!"

토토가 오른손을 번쩍 들었습니다.

"그럼 나도."

삼촌도 따라 오른손을 번쩍 들어보이자 코피와 아브나가 환하게 웃었습니다.

아프리카의 대표 음식
아프리카에서는 무얼 먹을까?

아프리카는 최초의 인류가 발견된 대륙이야. 그 말은 곧 음식을 만들어 먹기 시작한 역사가 가장 오래된 곳이라는 뜻이지. 아프리카는 더운 지역이 많기 때문에 더위를 이길 수 있는 다양한 요리가 발달했어. 담백한 맛을 지닌 주식에 생선, 채소, 고기류를 국이나 반찬으로 곁들여 먹지. 또한 아프리카는 워낙 광활한 대륙이어서 지역별로 다른 기후와 환경을 갖고 있고 그에 따라 음식 문화도 아주 다양하게 발전했단다.

가나, 나이지리아, 세네갈 등이 있는 서아프리카 지역은 일찍이 아랍 상인들과 교류하면서 향신료를 받아들여서 음식에 적극 활용했어. 특히 고추를 많이 써서 우리나라 사람의 입맛에도 잘 맞는 편이야. 또 영국, 프랑스, 포르투갈 등 서유럽 강대국들의 식민지였던 탓에 음식 문화에도 유럽의 영향이 남아 있지.

모로코, 알제리, 이집트 등의 나라가 있는 북아프리카 지역은 지리적으로 중동과 맞닿아 있어서 서로 비슷한 문화를 공유하고 있어. 인구 중에 이슬람교를 믿는 아랍인의 비율이 높지. 다채롭고 풍성한 중동 음식의 영향을 받아 향신료를 많이 사용해. 대표 음식으로 파스타의 한 종류인 쿠스쿠스가 있지.

케냐, 탄자니아, 우간다로 대표되는 동아프리카 지역은 쫄깃한 떡과 비슷한 우갈리를 주식으로 삼는단다. 우갈리는 가나의 방쿠, 켄케, 푸푸와 비슷한데, 이 지역 사람들이 거의 매일 먹는 음식이야. 곡식 가루를 뜨거운 물로

우갈리와 양배추 볶음이야.

반죽해 저어서 만드는데 주로 옥수숫 가루를 사용해. 간혹 카사바, 당밀, 쌀 등을 쓰기도 하지. 우갈리는 간을 하지 않아 쌀밥처럼 담백하고 심심하기 때문에 삶은 콩이나 소금에 삶은 채소, 또는 고기와 생선을 곁들여 먹어. 우갈리는 전통적으로 손을 써서 적당히 떼어 찰지게 만든 뒤, 고기와 콩, 야채로 만든 소스에 찍어서 먹어. 손으로 먹는 음식이기 때문에 우갈리가 나오는 식탁에서는 손을 씻는 것이 음식 예절이야. 그러나 요즘은 서양식 스푼과 포크로 먹는 일도 흔해졌지. 동아프리카 지역 음식으로 '냐마초마'도 유명해. 염소 고기, 양고기 등을 숯불에 구워 잘게 자르고 소금으로 간한 다음 양배추, 토마토 등과 함께 먹는 요리야.

숯불에 굽고 있는 부어워스와 브라이야.

나미비아, 남아프리카 공화국, 앙골라, 짐바브웨 등 여러 나라가 있는 남아프리카에서는 바비큐 요리인 브라이를 즐겨 먹어. 양고기, 소고기, 닭고기 등을 양념해서 숯불에 구워 먹는데 맛이 담백해서 한국 사람들 입맛에도 잘 맞아. 남아프리카 공화국은 날씨가 온화해서 사람들이 일주일에 두세 번은 야외에서 브라이를 즐긴대.

한편 부어워스는 남아프리카 공화국의 전통 소시지야. 소고기와 돼지고기 혹은 양고기를 다진 후 각종 향신료를 섞어 소를 만들고, 모기향처럼 나선 모양으로 형태를 잡아 만들어. 부어워스는 브라이를 할 때도 빠지지 않지.

아프리카 사람들은 음식을 '신이 주신 선물'이라고 생각해서 굉장히 소중히 여겨. 그러니까 식사 때 음식을 남기는 일도 아주 드물지. 참, 만약 아프리카에서 식사 초대를 받았다면 최소한 한 시간 정도는 기다릴 생각을 해야 한단다. 초대받은 시간보다 한두 시간 후에나 음식이 나올 만큼 아프리카 사람들이 느긋한 성격이라서 그렇대.

멕시코, 옥수수의 변신

'오늘은 또 어떤 새로운 요리를 만날까?'

삼촌 식당이 점점 가까워지자 토토는 마음이 설렜습니다. 문을 열고 들어서니 주방 안에 낯선 사람이 보였습니다. 구리빛 피부에 반짝이는 눈을 가진 남자가 쾌활하게 인사를 건넸습니다.

"올라! 네가 토토니? 반가워, 나는 멕시코 사람 카를로스야."

토토도 고개를 숙여 인사했습니다.

"안녕하세요! 우아, 오늘은 멕시코 요리인가 봐요?"

카를로스 옆에 서서 재료를 손질하던 삼촌이 대답했습니다.

"응, 지금 카를로스한테 멕시코 요리에 대해 배우고 있어."

토토가 고개를 끄덕이면서 카를로스에게 물었습니다.

"멕시코는 뭐가 유명해요?"

카를로스가 어깨를 들썩이며 대답했습니다.

"멕시코는 고대 마야 문명과 아즈텍 문명이 찬란했던 곳이지!"

토토는 주방 앞에 놓인 높은 의자에 앉아서 카를로스와 이야기를 나누기 시작했

습니다.

"저도 알아요. 신비한 마야와 아즈텍 제국! 그런데 신대륙을 찾아 온 콜럼버스 때문에 사라졌다고 배웠어요."

"잘 알고 있구나. 스페인군이 쳐들어와서 엄청나게 많은 원주민들을 죽이고 땅을 점령했어. 멕시코는 1521년부터 300년 동안 스페인의 식민지였어. 1821년이 되어서야 독립했단다. 멕시코뿐만 아니라 중남아메리카 대륙에 있는 대부분의 나라가 수백 년 동안 스페인이나 포르투갈의 식민지였다가 근대에 와서 독립했어."

"300년씩이나……. 그러면 멕시코 음식은 스페인의 영향을 많이 받았겠네요."

"맞아. 멕시코 요리는 마야와 아즈텍 문명의 전통 음식을 바탕으로 스페인 사람들의 음식 문화가 섞여 있다고 생각하면 돼. 그런데 그거 아니? 고대 마야, 아즈텍 제국 사람들이 주로 먹던 작물들이 지금은 전 세계 사람들의 식탁에 빠지지 않고 오르는 식량이 되었다는 사실?"

"네? 저도 먹어 본 것들이에요?"

토토가 눈을 동그랗게 뜨고 되물었습니다.

"물론이지. 옥수수, 고추, 감자, 고구마, 토마토, 땅콩이 모두 남아메리카가 원산지인 농작물이야. 그리고 모두가 좋아하는 초콜릿의 원료 카카오도 마찬가지지."

"진짜예요? 고추도요? 우리나라도 고추를 많이 먹는데?"

"콜럼버스가 유럽에 가져간 고추가 인도와 중국을 거쳐 한국에도 전해졌기 때문이지. 물론 멕시코 음식에도 고추를 많이 써. 우리는 한국 사람들이 좋아하는 매운 고추보다 20배는 더 매운 것도 먹는걸. 그러니까 토토 입맛에도 우리 음식이 잘 맞을 거야."

토토가 이내 고개를 갸우뚱하며 물었습니다.

"원주민들이 먹던 진짜 멕시코 전통 음식은 뭐가 있는지 궁금해요!"

"옥수수! 하하. 중남미 지역에서는 기원전 7000년경부터 옥수수를 재배했어. 그래서 옥수수죽이나 옥수수 반죽을 납작하게 빚어 구운 토르티야를 주식으로 먹었단다. 마야 제국에서는 신이 옥수수로 사람을 만들었다고 믿었을 만큼 옥수수를 신성하게 여겼어. 우리 멕시코 사람들에게 옥수수 없는 삶은 상상할 수 없을 정도야."

"카를로스, 재료 준비 끝났어요. 이제 만들어 봅시다."

삼촌이 활기차게 손뼉을 치며 카를로스를 조리대 앞으로 불러들였습니다.

"우아, 지금 어떤 요리를 만드는 거예요?"

"멕시코를 대표하는 요리, 타코를 만들 거야. 타코는 토르티야에 온갖 재료를 싸 먹는 요리란다. 타코 요리는 싸 먹는 방법과 재료에 따라 종류가 수십 가지야. 고기, 해산물, 채소, 치즈, 아보카도 등 먹고 싶은 재료를 올린 뒤 반으로 접어서 소스와 함께 먹어. 한국 사람들이 매일 밥을 먹듯이 멕시코 사람들은 타코를 먹지."

삼촌과 카를로스가 분주하게 타코를 만드는 동안 맛있는 냄새가 작은 식당을 가득 채웠습니다. 곧 타코가 완성됐습니다. 토토는 음식이 담긴 접시를 식탁으로 나르는 일을 도왔습니다. 식탁 위에는 납작한 토르티야와 노릇노릇 볶은 고기, 강낭콩, 토마토, 양파, 아보카도, 치즈를 비롯한 각종 채소를 담은 접시, 그리고 빨간 소스가 담긴 오목한 그릇이 차례로 놓였습니다.

"자, 이제부터 나만의 타코를 만들어 먹는 거야!"

카를로스가 먼저 토르티야를 한 장 펼치고 볶은 고기와 채소, 치즈를 골고루 얹은 다음, 마지막으로 소스를 뿌렸습니다. 그러고는 타코를 반으로 접어서 크게 한입 베어 물었습니다. 토토도 카를로스를 따라 타코를 만들어서 맛을 보았습니다.

"모양은 밀전병 같기도 한데, 맛은 샌드위치 같기도 해요. 담백하면서도 고소하고, 고소하면서도 상큼해요. 입 속에서 여러 맛이 춤추는 것 같아요!"

"하하하, 토토는 맛을 정말 잘 표현하는구나."

삼촌과 카를로스가 활짝 웃었습니다. 토토는 붉은 소스를 가리키며 물었습니다.

"이 소스가 정말 맛있어요. 상큼하면서도 매콤해서 입안을 개운하게 씻어 주는 느낌이에요. 더위에 도망간 입맛이 돌아오는 것 같은데요?"

"멕시코는 더운 날이 많기 때문에 소스가 독특하면서도 자극적인 맛을 내는 게 많아. 한국 사람들은 이 소스를 '살사 소스'라고 부르는데, 살사라는 말이 '소스'라는 뜻이란다. 타코 요리에 빠지지 않고 들어가는 매콤한 소스지. 이것 말고도 다양한 살사가 있어."

"이 빨간 살사에도 고추가 들어가는 거죠?"

"맞아. 먼저 토마토를 끓는 물에 살짝 데쳐 껍질을 벗기고 속씨를 제거한 뒤 잘게 다지고, 생양파와 고추, 고수도 잘게 다져. 그런 다음 모든 재료를 섞고 소금, 후추, 레몬이나 라임즙으로 간을 맞추면 돼. 차갑게 숙성시키면 더욱 맛이 좋아지지."

"삼촌, 그거 알아요? 멕시코 사람들도 우리나라처럼 고추를 많이 먹는데 매운 고추보다 훨씬 더 매운 고추도 있대요!"

토토는 타코의 맛에 흠뻑 빠져 있는 삼촌을 향해 말했습니다.

"물론 나도 잘 알지. 멕시코 요리는 다양한 향신료를 이용해 화끈한 맛을 내는 게 특징이야. 그래서 매운맛을 달랠 수 있는 아보카도, 사워크림, 치즈도 많이 곁들여 먹는단다. 멕시코 요리는 매콤한 맛과 함께 부드럽고 고소한 맛을 기본으로 하기 때문에 전 세계 어디에서나 인기가 많아."

"어쩐지. 제 입에도 딱 맞아요!"

토토와 카를로스는 서로 마주보고 고개를 끄덕였습니다.

멕시코의 대표 음식
토르티야의 끝없는 변신

고대 마야와 아즈텍 제국 사람들이 살던 당시 남아메리카에는 소, 돼지, 닭 같은 가축이 없었어. 원주민들은 기르는 칠면조나 오리 고기를 이따금 먹곤 했지. 스페인 사람들이 들여온 다음에야 다양한 가축의 고기와 유제품을 먹는 문화가 생겨났단다. 그 뒤로 토르티야에 보다 다양한 재료를 넣어 먹게 됐지. 토르티야는 안에 어떤 재료를 넣고 무슨 모양으로 만드느냐에 따라 요리의 이름이 달라져. 지금부터 토르티야가 얼마나 다양하게 변신하는지 살펴볼까?

부리토
토르티야에 콩과 고기, 밥 등을 넣어 만든 멕시코의 전통 요리야. 토르티야에 익힌 콩과 고기를 얹어 네모 모양으로 만들어 구운 후 소스를 발라 먹는단다. 고기는 소고기나 닭고기를 이용하며, 콩은 다양한 종류가 들어가지. 멕시코 사람들은 콩도 엄청 많이 먹거든.

케사디야
치즈를 뜻하는 스페인어 '케소'에서 유래한 이름이야. 밀가루나 옥수수로 만든 토르티야 위에 검은콩, 호박, 시금치 등을 익혀 올린 후 치즈를 뿌리는 거야. 그러고는 반으로 접거나 토르티야 한 장을 더 얹어 오븐에서 노릇노릇 바삭하게 구우면 돼.

엔칠라다
스페인어로 '고추로 양념하거나 장식하다'라는 뜻에서 나온 이름이야. 토르티야에 여러 재료로 만든 소를 넣고 말아서 그 위에 매운 고추 소스를 듬뿍 얹어서 먹는 음식이지. 취향에 따라 고추 소스뿐 아니라 치즈, 사워크림, 상추, 올리브, 다진 양파, 고추, 고수 등을 얹어서 먹기도 해.

미국, 햄버거의 탄생지

"위이이잉!"

'토토야, 오늘 네가 정말 좋아하는 요리를 만들 거야. 이따가 식당에 꼭 오렴.'

삼촌한테 반가운 메시지가 왔습니다. 토토는 여름방학이라 오후에 학원에 가기 전까지 모처럼 느긋하게 게임을 즐기려던 참이었습니다.

"뭘까? 치킨? 돈가스?"

토토는 하던 게임을 당장 끄고 모자를 눌러 썼습니다. 한달음에 달려 식당에 도착했습니다. 주방에 들어서자 삼촌이 몸집 큰 외국인과 함께 주방에서 음식을 만드는 모습이 눈에 띄었습니다.

"하이, 토토. 나는 미국 사람, 지미야."

지미는 커다란 손을 들어 보이며 인사했습니다.

"아, 헬로우! 지미."

토토도 한 손을 들고 인사에 답했습니다.

"토토, 지미는 삼촌이 이탈리아 유학 시절에 만난 친구야. 손 씻고 자리에 앉으렴. 오늘 메뉴는 양손으로 들고 먹어야 제맛이거든. 바로 정통 미국식 햄버거!"

"오예!"

토토는 환호를 지르며 화장실에 가서 손을 깨끗이 씻었습니다.

얼마 지나지 않아 삼촌과 지미가 넓고 둥근 접시 위에 담긴 수제 햄버거와 감자튀김을 식탁 위에 올려놓았습니다.

"헤이, 토토. 내가 만든 정통 햄버거 좀 먹어 봐. 맛을 보고 나면 햄버거도 멋진 요리라는 걸 인정하게 될걸!"

토토는 아주 큼직한 햄버거를 양손으로 잡고 입을 최대한 벌려 와앙 베어 물었습니다. 부드러운 빵과 고기뿐만 아니라 아삭한 양상추와 토마토, 치즈와 구운 양파 맛이 한데 어울려 깊고 진한 맛이 느껴졌습니다.

"우아, 이렇게 맛있는 햄버거는 처음이에요! 육즙이 팡팡 터져요."

입가에 햄버거 소스가 잔뜩 묻은 토토는 두 눈을 반짝이며 말했습니다.

"햄버거는 패티가 아주 중요하지."

지미도 큰 입으로 햄버거를 한입 베어 물었습니다.

"패티가 뭐예요?"

토토가 물었습니다.

"소고기나 돼지고기를 다져서 둥글납작하게 빚은 후 노릇하게 잘 구워 낸 것이 바로 패티야."

삼촌이 햄버거 가운데에 들어 있는 고기를 가리켰습니다.

"우리 미국 사람, 햄버거 정말 좋아해. 전 세계 유명한 햄버거 체인점들은 전부 미국에서 처음 생겼어."

토토가 지미를 쳐다보며 물었습니다.

"그럼 햄버거는 미국 전통 음식인 거예요?"

 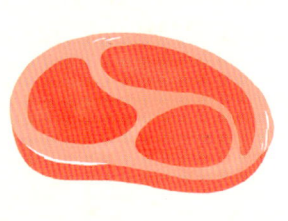  

13세기 몽골 군대의 말안장 날고기 　　　　14세기 러시아의 타타르 스테이크

"음, 여러 민족이 모여 사는 미국답게 여러 나라 문화가 스며들어 생긴 음식이라 할 수 있어. 토토, 혹시 칭기즈 칸이라고 들어 봤어?"

"네, 중앙아시아에서 유럽까지 광활한 몽골 제국을 세운 사람이잖아요."

"맞아. 13세기 무렵 칭기즈 칸이 이끄는 몽골 군대가 아시아 대륙을 손에 넣고 유럽까지 정복 전쟁을 벌일 때였어. 몽골계 기마 민족인 타타르인들은 자신들의 식량인 질긴 말고기를 말안장 아래에 넣고 다녔대. 그러면 말을 타는 동안 자연스레 고기가 연해져서 익히지 않고도 먹을 수 있었거든. 몽골이 지금의 러시아 지역을 점령하자 그곳에 살던 사람들도 날고기를 따라 먹기 시작했지. 다진 날고기에 양파와 날달걀을 넣고 양념해서 먹었는데 '타타르 스테이크'라고 불렀대. 이후 17세기 무렵, 타타르 스테이크는 독일의 항구 도시인 함부르크에 전해졌어. 함부르크 사람들은 여기에 향신료를 섞고 노릇하게 구워서 먹었는데 '함부르크 스테이크'라고 불렀지. 19세기 초반, 많은 독일인들이 황금을 찾아 미국으로 이민을 가게 돼. 그와 함께 함부르크 스테이크도 미국에 알려졌어. 이름도 미국식 발음으로 '햄버거 스테이크'라고 불리고 말이야."

지미의 이야기에 푹 빠져 있던 토토는 문득 궁금해졌습니다.

"엇, 그런데 삼촌! 혹시 돈가스 식당에서 먹는 함박 스테이크가 이 햄버거 스테이크예요?"

17세기 독일의 함부르크 스테이크　　　　　　19세기말 미국의 햄버거

　"맞아. 함부르크 스테이크를 일본식으로 발음한 거야. 참고로 돈가스도 오스트리아의 슈니첼 요리가 일본에서 변형되어 우리나라에 전해진 음식이란다."
　"우아, 처음 알았어요. 햄버거 하나에 동서양 세계사가 담겨 있다니! 정말 흥미진진해요."
　삼촌이 조용히 덧붙였습니다.
　"요즘 우리가 먹는 햄버거도 생긴 지 얼마 안 됐어. 빵 사이에 고기 패티를 넣고, 채소와 치즈, 소스를 곁들여 먹기 시작한 것은 대략 1880년 이후로 추측한단다. 그러니까 햄버거 스테이크의 역사는 길지만, 햄버거는 비교적 신상 음식이라고 할 수 있지."
　"그렇구나. 음식 이야기는 정말 재밌어요. 맛있는 음식은 산 넘고 바다 건너 어떻게든 다른 나라에 퍼져 나가나 봐요. 저마다 가진 재료로 자기 입맛에 맞는 새로운 음식을 만들어 내고요."
　"하하하, 맞아. 내가 그래서 음식을 사랑하는 거야. 내 소원은 사는 동안 세상 모든 음식을 먹어 보는 거란다!"
　"저도요!"
　삼촌의 말에 지미도 방긋 웃어 보였습니다.

미국의 대표 음식
미국에서 탄생한 음식들

미국은 세계 여러 나라에서 온 이민자들이 자신들의 고유한 음식 문화를 계속 발전시킨 덕분에 아시아 음식, 멕시코 음식, 프랑스 음식, 이탈리아 음식, 중동 음식 등 세계 각국의 다양한 요리 문화가 살아 있어. 또 바쁜 생활에 맞춰서 패스트푸드 음식점과 다양한 가공식품이 발달했지. 고탄수화물 고지방 음식이 많아서 문제가 많긴 하지만 말이야. 그럼 미국에서 유행해서 전 세계로 퍼져 나간 음식에는 무엇이 있는지 살펴볼까?

시리얼
1894년 미국 한 요양원의 원장이던 켈로그 형제가 환자식으로 만들기 위해 옥수수 알갱이로 콘플레이크를 처음 만들었어. 콘플레이크는 큰 인기를 모았고, 다양한 시리얼로 개발되어 오늘날 미국에서 가장 많이 먹는 아침 식사 종류가 되었단다.

핫도그
데치거나 구운 소시지를 길쭉한 빵 사이에 끼워 먹는 음식이야. 케첩이나 머스터드소스, 다진 양파와 피클을 곁들여 먹기도 해. 원래 독일 이민자들이 길거리에서 팔던 음식이었어. 그런데 모양이 허리가 긴 독일 개 닥스훈트를 닮아서 '뜨거운 강아지'란 별명이 생겼어. 우리가 보통 핫도그라고 부르는 소시지 튀김은 미국에서는 '콘도그'라고 한단다. 몰랐지?

콜라

콜라는 원래 약국에서 팔던 만병통치약이었어. 1886년 약사인 존 팸버튼이 코카잎과 콜라나무의 열매, 시럽 등을 이용해서 개발했는데, 두통을 낫게 하고 기운을 북돋는다고 홍보했거든. 곧 콜라는 엄청난 인기를 끌었어. 제2차 세계 대전 때에는 미군들에게 없어선 안 될 특별한 군수품이었어. 이후로 콜라는 미국의 상징이 됐단다.

프라이드 치킨

미국 남부 지역에서 흑인들이 즐겨 먹던 음식이야. 흑인 노예제가 있던 시절, 흑인들은 농장주들이 살이 없어서 쓰지 않고 버린 닭날개나 목, 발 같은 부위들을 모아 튀김옷을 입히고 기름에 바싹 튀겨 먹었지. 남부 지역의 더운 날씨에도 잘 상하지 않고 맛이 좋아서 점차 많은 사람들이 찾게 되었어. 우리나라에는 미군을 통해 전해졌단다.

도넛

1847년 네덜란드 이민자 한센 선장이 탄생시킨 빵이야. 네덜란드 전통 튀김 빵인 올리코엑이 기원인데, 가운데가 잘 익지 않아서 구멍을 냈다는 설과 항해할 때 키의 손잡이에 걸어 놓고 먹을 수 있도록 구멍을 냈다는 설이 있어. 미국인들은 아침 식사나 간식으로 많이 먹어.

팝콘

미국 사람들이 정말 좋아하는 간식 중에 하나야. 아메리카 대륙에 살던 원주민들이 오래전부터 먹었던 음식이었는데, 1885년 시카고의 사탕 가게 주인 찰스 크레터스가 팝콘 제조기를 발명하면서부터 많은 사람들이 찾는 간식이 되었지.

제4장
특별한 음식 이야기

골고루 잘 먹어야 건강에 좋다고 하지만 어떤 사람은 특정한 음식을
안 먹기도 해. 보통은 개인의 취향을 바탕으로 음식 재료를 선택하지.
그런데 많은 사람이 종교적 신념이나 사회적 운동 또는 문화의 영향을 받아
특정한 음식을 꺼리거나 일부러 먹지 않기도 한단다.
도대체 무슨 까닭에서 이렇게 특별한 음식 문화가 생겨난 걸까?

할랄이 뭐예요?

　어느덧 아침저녁으로 바람이 제법 선선해졌습니다. 개학을 맞이한 토토는 학교를 마치자마자 삼촌네 식당을 찾았습니다. 문을 열자 부리부리한 눈과 높은 매부리코에 검은 턱수염을 기른 손님이 눈에 띄었습니다.
　'앗, 어느 나라 손님이지? 아랍 사람같이 생겼네.'
　토토는 익숙해진 듯 오른손을 들어 올려 인사했습니다.
　"헬로우! 아이 엠 토토."
　검은 턱수염 손님도 토토에게 다가와 인사를 건넸습니다.
　"앗살라 말라이 쿰! 안녕? 나는 무하마드야."
　"우아, 한국말을 잘 하시네요! 참, 아까 친구가 준 젤리가 있는데. 같이 드실래요?"
　토토는 가방에서 젤리를 꺼내 무하마드에게 건넸습니다.
　"괜찮아. 난 모슬렘이어서 돼지고기가 든 음식은 먹지 않아."
　"모슬렘이요? 이건 고기가 아니라 젤리인데……."
　토토는 무하마드가 한 말을 이해하기 어려웠습니다. 그때 삼촌이 주방에서 빼꼼 얼굴을 내밀었습니다.

"토토 왔니? 무하마드랑 인사했어? 오늘의 메뉴는 할랄 음식이란다. 기대해!"

"할랄 음식이요? 그건 또 뭐예요? 다들 알 수 없는 말만 하네."

그러자 삼촌이 대답했습니다.

"이슬람교의 율법에 따라 허용된 재료로만 만든 음식을 말하는 거야. 할랄은 아랍어로 '허용할 수 있는'이란 뜻이거든. 이슬람교를 믿는 모슬렘들은 돼지고기를 먹지 않는대."

"진짜요? 돼지고기가 얼마나 맛있는데……. 그런데 젤리는 왜 안 돼요?"

"젤리는 보통 동물의 가죽, 특히 돼지에서 얻은 젤라틴으로 만들기 때문이야. 토토, 서운했다면 미안해. 우리들은 알라신의 말씀을 그대로 따르며 살아가거든. 대신 맛있는 할랄 음식을 만들어 줄게."

무하마드는 자신 있게 앞치마를 둘러 보였습니다.

"괜찮아요. 저도 몰라서 그랬는걸요."

"그럼 할랄 음식은 어떤 재료로 만드는 거예요?"

"우리 모슬렘들은 정신을 흐리게 하는 술을 마시지 않아. 돼지고기와 동물의 피도 절대로 먹지 않지. 고기도 모슬렘인 도축업자가 알라의 말씀에 따라 도축한 것만 먹는단다. 신선한 채소와 과일, 견과류, 바다에서 나는 생선도 깨끗한 음식으로 여기지. 한국에서는 할랄 음식을 찾기가 쉽지 않아서 어려움을 겪을 때가 많아."

"그렇구나. 그런데 왜 하필 돼지고기만 금지하는 거예요? 궁금해요."

"그건 당시 자연환경이 돼지를 키우기에 좋지 않았기 때문일 거라고 해. 이슬람교가 탄생한 중동 지역은 사막 기후인 곳이 많거든. 물이 귀한 곳에서 사람과 식성이 비슷한 돼지를 기르는 것은 힘들었겠지. 또 다른 고기보다 잘 상하니까 보관하기도 쉽지 않았을 거고. 돼지가 체온을 낮추기 위해 하는 진흙 목욕도 좋지 않은 인상을 줬을 거야. 그래서 알라신께서 그런 말씀을 전했을 거라는 학자들의 의견이 있어."

삼촌이 조심스레 일러 주었습니다.

"맞아. 그러니 토토가 우리 문화를 이해해 주면 좋겠어. 우리 중동 지역은 대부분 오랫동안 이슬람교를 믿어 왔기 때문에 전통 중동 음식이 곧 할랄 음식인 셈이란다. 토토 너도 정말 좋아할 거야."

무하마드는 주방으로 들어가 바쁘게 움직이기 시작했습니다. 삼촌도 옆에서 보조를 맞추며 무하마드의 동작 하나하나를 눈여겨보았습니다.

이윽고 무하마드가 접시를 내왔습니다. 크림 소스 같기도 하고 거칠고 되직한 죽 같기도 한 모양의 음식과 동글동글한 크로켓처럼 생긴 음식이 나왔습니다. 뒤이어 삼촌이 푸릇푸릇한 샐러드 접시를 들고 나왔습니다.

"와, 이건 다 무슨 음식이에요?"

"이건 홈무스라고 해. 병아리콩을 갈아서 만든 거야. 삶은 병아리콩에 '타이나'라고 하는 참깨 페이스트와 올리브 오일, 레몬즙, 소금, 마늘 등을 넣고 갈아 만든 거란다. 넓적한 피타 빵과 함께 먹어. 중동 지역에서는 병아리콩을 많이 먹거든. 이 팔라펠도 간 병아리콩에 큐민과 고수, 소금을 넣고 반죽해서 동그랗게 빚어 튀긴 거야."

무하마드가 찬찬히 설명해 주었습니다.

"토토, 이건 삼촌이 만든 타볼리 샐러드야. 물론 무하마드가 옆에서 알려줬지만. 이탈리안 파슬리, 토마토, 양파, 올리브 오일, 레몬즙, 좁쌀 모양의 파스타인 쿠스쿠

스를 섞어 만들었어. 향긋해 보이지?"

토토는 피타 빵에 홈무스를 찍어 먹어 보았습니다. 부드러우면서도 고소한 맛이 일품이었습니다.

"토토야, 팔라펠도 먹어 봐. 정말 고소하고 맛있어. 예전에 미국의 뉴욕에 갔을 때 푸드 트럭에서 먹었던 팔라펠 샌드위치가 생각나는 맛이야. 피타 빵에 홈무스를 얹고 팔라펠과 타볼리 샐러드를 함께 넣어서 샌드위치처럼 먹어 봐."

"어디, 나도요. 우아, 정말 맛있어요. 상큼하고 고소하고."

"우리 할랄 음식은 전 세계에서 인기가 많아. 뉴욕 길거리에서 간식을 팔던 할랄 푸드 트럭이 세계적인 체인점이 된 일도 있지. 훔무스는 단백질이 많고 열량이 낮아서 채식이나 다이어트 음식으로도 많이 활용해."

"무하마드 말이 맞아. 모슬렘들은 중동뿐 아니라 동남아시아, 북아프리카 지역에 걸쳐 널리 살고 있거든. 또 할랄 식품은 생산 과정에서부터 철저히 관리해야 하기 때문에 청결하다는 인상을 주지. 우리나라도 할랄 음식에 관심을 가지는 사람들이 늘고 있단다."

"음식 문화는 자연환경뿐 아니라 종교에 따라서도 많은 영향을 받는다는 사실을 알게 됐어요. 고마워요, 무하마드. 맛있는 모슬렘 음식을 만들어줘서요."

"나도 맛있는 음식을 함께 나눌 수 있어 즐거웠어. 토토에게 알라신의 가호가 함께 하기를."

할랄 제품 알아보기
할랄 인증 마크를 찾아라!

이슬람교를 믿는 사람들은 중동을 넘어 전 세계적으로 16억 명에 이른단다. 엄청난 사람들이 할랄 음식을 먹고 할랄 제품을 소비하는 셈이지. 모슬렘들은 마트에서 물건을 살 때 꼭 할랄 인증 마크를 확인하고 구매해. 할랄 인증은 모슬렘이 먹거나 사용할 수 있도록 이슬람 율법에 따라 도살·처리·가공된 식품과 제품만 표기할 수 있는 제도야.

'할랄' 하면 '돼지고기를 못 먹는 이슬람 음식 문화' 정도로 막연하게 생각하는 사람이 여전히 많아. 하지만 이슬람 율법에서 금지하는 음식에는 돼지고기뿐만 아니라 개고기와 뱀, 민물고기, 메뚜기를 제외한 곤충까지 다양하게 포함돼 있고, 만드는 과정에서 알코올이 들어가는 식품, 돼지고기에서 추출한 콜라겐이나 젤라틴 등을 이용한 제품도 안 된다고 해.

그러니 할랄의 인증 범위는 단순히 식품에만 한정할 수 없어. 의약품이나 의류, 화장품을 포함한 각종 생활용품까지 그 폭이 아주 넓거든. 먹고, 마시고, 몸에 바르는 모든 것에 할랄이 적용되는 거야. 그래서 모슬렘에게는 '유기농', '친환경 제품' 같은 문구보다 할랄 마크가 있느냐 없느냐가 식품이나 제품을 선택하는 중요한 기준이 돼.

'할랄 인증' 마크는 나라별로 다양한 디자인을 사용하고 있는데, 공통의 글자가 들어간단다. 그게 뭔지 아래 그림에서 한번 찾아볼래? HALAL이라는 알파벳과 함께 구불구불 멋진 글자가 눈에 띄지? 이게 바로 아랍어로 '할랄'이라고 쓴 거야.

순서대로 한국이슬람중앙회, 말레이시아 JAKIM, 미국 IFANCA의 할랄 인증 마크란다.

지구를 살리는 녹색 식탁

눈부시게 새파란 하늘이 아름다운 가을날입니다. 가로수들은 모두 울긋불긋 꽃보다 화려한 가을 옷을 입었습니다. 토토는 햇살에 빛나 더욱 아름다운 색을 자랑하는 단풍을 감상하면서 삼촌네 식당으로 향했습니다.

식탁 위는 싱싱한 각종 쌈 채소와 쌈장, 잡곡밥, 나물 그리고 알록달록한 과일 바구니로 한 상 가득 차려져 있었습니다.

"삼촌, 오늘 메뉴는 쌈밥인가 봐요. 고기볶음은요? 그래야 쌈을 싸 먹죠!"

토토는 군침을 꼴깍 삼켰습니다.

"아, 기다려 봐. 물론 쌈밥에 어울리는 음식을 준비했지."

곧 삼촌이 모락모락 김이 피어오르는 새빨간 고기볶음을 내왔습니다.

"어때? 맛있어 보이지? 매콤한 콩고기 볶음이란다!"

"콩고기요? 콩이 안 보이는데?"

"아, 이건 콩 단백질을 이용해서 고기처럼 만든 거야. 채식주의자들을 위해 태어난 식물성 고기지. 오늘 올 손님들은 모두 채식주의자거든."

"이게 다 콩이란 말이에요? 정말 고기처럼 생겼는데. 맛도 고기랑 같아요?"

"흠, 그렇게 궁금하면 아직 손님들이 오기 전이니까 몰래 한 점 먹어 봐."

삼촌이 눈을 찡긋거리며 속삭였습니다. 토토는 얼른 젓가락으로 하나를 집어 입에 쏙 넣었습니다.

"오! 진짜 고기볶음 같아요. 맛있어요."

그때 식당 문이 열리며 어른 세 명이 우르르 들어왔습니다. 삼촌 또래의 빡빡머리 남자와 긴 머리 여자, 단발머리 여자였습니다.

"어머, 뭘 이렇게 근사하게 준비했어. 정말 맛있겠다."

"콩고기까지 준비한 거야? 고마워, 친구."

삼촌 친구들은 재잘거리며 자리를 잡고 토토와도 인사를 나누었습니다. 그중에서 단발머리를 한 이모가 말했습니다.

"두 사람, 우리 비건 모임에 함께하는 걸 환영해!"

"비건이요? 그게 뭐예요?"

토토의 질문에 옆자리에 있던 삼촌이 대답했습니다.

"응, 이 친구들은 채식주의자라고 했잖아. 비건은 곡물과 채소, 과일, 해초, 견과류만 먹는, 그러니까 오로지 식물성 음식만 먹는 사람이라는 뜻이야."

토토는 걱정스러운 듯이 고개를 갸우뚱거리며 물었습니다.

"그럼 우유나 멸치도 안 먹어요? 골고루 먹어야 키도 크고 건강해지는데……?"

큰 입에 더 큰 쌈을 밀어 넣고 우걱우걱 씹던 빡빡머리 삼촌이 토토를 향해 눈을 반짝였습니다.

"걱정 마. 채식에는 여러 단계가 있어. 나처럼 동물성 식품은 아예 먹지 않는 사람도 있지만, 유제품까지는 먹는다든가, 생선이나 조개는 먹는 사람도 있어. 일주일에 하루만 채식하는 사람도 있고. 자신이 할 수 있는 방법으로 채식을 실천하면 돼."

긴 머리 이모가 손바닥에 쌈 채소를 얹고 푸짐하게 잡곡밥과 콩고기를 싸며 말을 이었습니다.

"우리도 각자 채식을 시작하게 된 이유는 달라. 난 불교인이어서 자연스럽게 채식을 시작했고, 이 친구는 건강을 위해서, 그리고 이 친구는 동물을 생각해서 채식을 하게 됐어. 그런데 우리 모두 깨달은 바가 있단다. 채식이야말로 지구를 구할 수 있는 아주 쉽고 훌륭한 방법이란 사실을 말이야."

"채식으로 지구를 구한다고요? 어떻게요?"

"음, 세계 곡물 생산량의 3분의 1이 사람이 아니라 동물에게 먹이기 위해서라는 사실 알아? 세계 곳곳에서 수많은 사람들이 굶주리고 있는데 말이야. 또 쌀 1킬로그램을 생산하는 데는 물이 3000리터가 필요하지만 소고기 1킬로그램을 생산하는 데는 물이 1만 5,500리터가 필요하대. 사육 농장에서 나온 분뇨는 주변 하천을 오염시키고, 심지어 소 방귀에는 온실 효과를 일으키는 메테인이 가득하단다. 게다가 대형 육류 산업 관계자들은 자신의 이익을 늘리기 위해 동물들을 아주 비참하게 기르고 있어. 그리고 사람들에게 고기를 많이 먹으라고 쉼 없이 광고하지. 그러니까 우리가 고기를 조금씩만 덜 먹어도 정말 놀라운 일들이 벌어질 거야."

삼촌이 흠흠 짧은 기침을 하고 나서 말을 이었습니다.

"그래서 요즘 세계적으로 채식의 바람이 불고 있어. 국제채식인연맹에 따르면 2019년에 전 세계 채식 인구는 1억 8천만 명에 이르렀대. 지금은 더 늘었을 거야. 이중 모든 동물성 음식을 먹지 않는 완전 채식주의자인 비건 인구는 약 30퍼센트나 된다고 해. 특히 육식을 많이 먹는 서양에서 채식주의자가 늘고 있다는 사실은 눈여겨 볼 만한 일이야."

단발머리 이모가 삼촌의 말에 고개를 끄덕이며 덧붙였습니다.

"채식은 개인의 선택에 달린 일이지만 건강한 성인이라면 채식만으로도 필요한 영양소를 충분히 얻을 수 있거든. 또 요즘에는 육류와 유제품을 대신할 수 있는 식품들이 많이 개발돼서 채식인들도 다양한 맛을 즐길 수 있단다. 비건을 위한 고기는 물론이고 치즈, 계란, 어묵도 있어. 심지어 실험실에서 동물의 체세포를 배양해서 만드는 인공 고기 연구도 활발하게 이루어지고 있지. 많은 사람들이 지나친 육식이 동물의 살 권리는 물론이고, 지구를 병들게 하고 있다는 사실을 깨달았기 때문이야."

토토는 어안이 벙벙해졌습니다. 고기를 먹는 일이 환경을 파괴하는 일과 이어져 있을 거라고는 한 번도 생각해 보지 못했으니까요.

"정말 몰랐어요. 고기를 먹는 일에 이렇게 생각할 거리가 많을 줄은……."

토토는 어쩐지 동물들과 지구에게 미안한 마음이 들었습니다.

"괜찮아, 토토야. 나도 예전에는 너처럼 아무것도 몰랐어. 문제를 바로 알고 하나씩 고쳐 가려는 노력이 더 중요한 거야."

빡빡머리 삼촌이 토토의 머리를 쓱 쓰다듬어 주었습니다. 그러나 토토의 얼굴은 더욱 어두워졌습니다.

"매일 고기반찬 노래를 불렀던 제가 부끄러워요. 저도 고기를 적당히 먹으면서 지구를 구하고 싶은데……. 그런데 치킨도 맛있고, 돈가스도 맛있고, 햄버거도 맛있고……. 으앙."

삼촌과 친구들은 그만 웃음을 터뜨리고 말았습니다. 한참 웃던 단발머리 이모가 토토의 어깨를 토닥이며 달래 주었습니다.

"토토처럼 한창 자라는 아이들에게 동물성 단백질은 중요한 영양소야. 성장기 청소년이나 몸이 약해진 환자들에게 고기를 먹지 말라고 말할 수는 없다고 생각해. 하지만 나중에 건강한 어른이 되면 오늘 나눈 이야기를 기억해 주면 좋겠어. 네가 먹는 것이 바로 너를 만들고, 식탁 위 상차림이 세상에 변화를 가져올 수 있다는 걸. 더 많은 사람들이 채식을 즐기게 되면 고통 받는 자연을 그만큼 더 많이 구할 수 있지. 만약 미국의 인구가 모두 채식으로 돌아선다면 3억 명이 넘는 다른 나라 사람들을 배불리 먹일 수 있다고 해. 그런 의미에서 우리 채식주의자들은 세상과 더불어 사는 마음으로 소박한 밥상을 차린단다."

"나도 이번 기회에 채식에 대해 좀 더 공부해 보고 싶어졌어. 맛있고 몸에 좋은 채식 메뉴도 개발하고. 새 메뉴를 만들면 다시 초대할게."

삼촌이 두 손을 맞잡고 의욕이 넘치는 목소리로 말했습니다.

"정말이지? 우린 언제나 새로운 채식인들을 환영한다고!"

모두 둘러앉은 식탁은 웃음꽃으로 가득 채워졌습니다.

식용 곤충 산업
고기 대신 벌레 한 입은 어때?

2014년 기준으로 한 해 우리나라 사람 한 명이 먹는 육류의 양은 51킬로그램이었어. 고기를 즐겨 먹는 미국 사람은 1년에 약 89.7킬로그램, 고기를 먹기가 쉽지 않은 방글라데시 사람들은 1년에 2.1킬로그램을 먹었대. 미국 사람이 방글라데시 사람에 비해 40배가 넘는 양을 먹고 있는 셈이지. 문제는 세계적으로 점점 고기 소비량이 늘고 있다는 거야. 전통적으로 고기를 많이 먹지 않았던 아시아

귀뚜라미 분말이 든 밀가루로 만든 빵이야.

지역들이 경제 성장을 이루고 서양 생활 방식을 따르면서 고기 소비량이 늘었거든. 그만큼 육식 산업이 지구에 미치는 영향이 더욱 커지게 되었어.

그래서 사람들은 고기를 대체하고 식량 문제를 해결할 수 있는 미래 식량을 찾기 위해 많은 연구를 하고 있어. 현재 가장 주목받고 있는 건 바로 곤충이란다. 곤충은 소고기보다 단백질이 100배 이상 많고, 불포화지방산과 아연, 키토산 등 영양소가 풍부한데 비해 칼로리가 낮아 건강에 좋아. 게다가 기르기도 훨씬 쉽지. 공간도 적게 차지하고, 물과 에너지도 적게 드니까.

사실 곤충은 오래전부터 식재료로 쓰였어. 우리나라만 해도 간식으로 번데기를 먹기도 하잖아? 굼벵이는 한약재로 쓰고, 메뚜기는 볶아 먹으면 꽤 고소하지. 세계적으로도 곤충을 재료로 한 식당들이 여럿 생겨나고 있고, 곤충을 이용한 식료품을 개발하는 회사와 관련 산업도 빠르게 성장하고 있어. 우리나라에서는 농림축산식품부에서 인정한 갈색거저리애벌레인 '고소애', 흰점박이꽃무지 애벌레 '꽃뱅이', 장수풍뎅이 애벌레 '장수애', 쌍별귀뚜라미 '쌍별이' 등을 만나 볼 수 있어. 대부분 새우 과자처럼 고소한 맛이 난대. 어떤 맛인지 정말 궁금하지?

식량 부족과 물 부족 문제를 해결하고 환경에도 도움이 되는 미래의 식량 곤충, 머지않은 미래에 우리 식탁을 어떻게 바꾸어 놓을지 정말 기대가 돼.

제5장
행복한 디저트

식사를 마무리하며 먹는 디저트는 과거에는 부유하고 신분이 높은 사람들이나
즐길 수 있는 귀한 음식이었어. 꿀과 설탕의 달콤함, 얼음의 시원함,
차와 커피의 이국적인 맛은 흔히 즐길 수 있는 게 아니었거든.
오늘날에야 설탕이 대중화되면서 누구나 쉽게 디저트를 맛볼 수 있게 되었지.
그중 우리 친구들이 제일 좋아하는 건 아마 초콜릿과 아이스크림일 거야.
우리를 행복하게 만드는 디저트 이야기, 같이 알아보자!

따뜻하고 우아한 맛, 커피

드디어 겨울방학을 하는 날입니다. 토토는 하굣길에 반 친구들과 함께 분식집으로 몰려갔습니다. 제일 친한 동식이가 방학 기념으로 '김떡순'을 먹자고 제안했기 때문입니다. 토토의 짝꿍이자 반에서 제일 똑똑한 송이가 같이 가자며 끼었습니다. 세 친구는 학교 앞 분식집에서 김밥, 떡볶이, 순대를 잔뜩 시켜서 배부르게 먹었습니다.

"아유, 오늘은 삼촌 식당에서 뭘 먹을 수가 없겠네."

토토가 별생각 없이 한마디 하자 송이가 대뜸 물었습니다.

"삼촌 식당? 삼촌이 식당 하셔? 무슨 식당?"

토토가 친구들에게 삼촌네 식당에 대해 말해 주었습니다. 그러자 동식이가 토토의 팔을 잡고 졸라댔습니다.

"야, 토토. 우리도 삼촌 식당에 데려가면 안 돼? 나, 요리사가 꿈이잖아."

동식이가 멋있게 칼질하는 시늉을 해 보였습니다. 토토는 혹시나 하는 마음에 삼촌에게 전화를 걸었습니다. 삼촌은 흔쾌히 친구들을 데리고 오라고 했지요.

"삼촌, 우리 왔어요."

토토가 앞장서서 식당 문을 열자 어디선가 고소하고 향긋한 냄새가 났습니다. 토

토가 코를 킁킁거리며 물었습니다.

"냄새가 너무 좋아요. 삼촌, 이거 커피 향 맞죠?"

주방에서 무슨 일인가에 열중하던 삼촌이 큰 소리로 대답했습니다.

"빙고! 커피를 좀 볶고 있었어."

동식이가 꾸벅 인사를 하며 자기소개를 했습니다.

"안녕하세요, 토토 삼촌. 전 동식이에요. 그런데 커피를 볶는다는 게 뭐예요?"

삼촌이 손짓으로 인사를 받으며 대답했습니다.

"반가워, 동식아. 커피콩을 이렇게 직접 볶아서 커피를 내리면 맛과 향이 아주 예술이거든."

이번에는 송이가 눈을 반짝이며 다가갔습니다.

"커피콩이요? 우아! 전 토토 친구 송이예요."

토토와 친구들은 어느새 주방 입구에 모여 서서 삼촌이 커피콩을 볶는 모습을 바라보았습니다. 삼촌은 손잡이가 달린 둥그스름하고 촘촘한 철망을 이용해 커피콩을 볶으면서 말했습니다.

빨갛게 익은 커피나무 열매야. 달콤한 맛이 난단다.

"커피는 커피나무 열매에 든 씨앗이야. 이걸 커피 원두, 혹은 커피콩이라고 부르지. 먼 옛날 아프리카 에티오피아에서 살던 양치기 소년 칼디가 양들이 붉은 열매만 먹으면 흥분하여 뛰어다니는 것을 발견했대. 호기심에 그 열매를 먹어 보니 신기하게도 힘이 나고 기분이 상쾌해져서 이 열매를 이슬람 사원으로 가져갔다는구나."

토토가 구수한 커피콩 향기에 코를 큼큼거리며 물었습니다.

"양치기 소년이 대단한 발견을 했네요! 그런데 삼촌, 오늘 웬일로 커피콩을 직접 볶아요? 설마 이 가게를 카페로 바꿀 거예요?"

삼촌이 손을 내저으며 대답했습니다.

"아니, 그럴 리가 있니? 맛있는 커피가 마시고 싶었어. 나를 위한 작은 사치랄까?"

송이가 갑자기 무슨 생각이 떠오른 듯이 물었습니다.

"에티오피아에 있던 커피 열매가 어떻게 세계로 퍼져 나간 거예요?"

"칼디가 이슬람 사원으로 이 열매를 가져다주었다고 했지? 그 후로 이슬람 사원에서 생활하는 사람들이 먼저 이 신기한 열매를 그대로 먹거나 물에 끓여 마셨어. 특히 성직자들이 아주 좋아했지. 정신이 맑아지는 비밀스러운 음료라고 생각했대. 시간이 지나면서 이 신비한 열매와 음료에 대한 소문은 아프리카에서 홍해를 건너 아라비아 반도의 예멘으로 퍼졌어. 커피 열매를 그대로 먹거나 끓여 먹던 방식에서 지금처럼 볶고 갈아서 우려 마시는 형태로 발전시킨 건 예멘 사람들이었어. 자, 이제 다 볶았다."

삼촌은 윤기 나게 볶은 커피콩을 식혀서 유리병에 담았습니다. 삼촌은 볶은 커피콩 몇 줌을 커피 가는 도구인 그라인더 안에 집어넣더니 손잡이를 드르륵 돌려 갈기 시작했습니다. 커피콩을 가는 도구는 아주 조그마한데도 삼촌은 팔에 힘을 주어 가며 손잡이를 돌렸습니다. 그러자 고소한 커피 향이 더욱 진하게 식당 안에 퍼졌습니다. 갑자기 동식이가 나섰습니다.

"삼촌, 제가 해 봐도 돼요?"

"그럼 고맙지."

동식이는 통통한 손으로 커피 그라인더의 손잡이를 꼭 쥐고 갈기 시작했습니다.

"어, 이거 생각보다 재밌는데요? 삼촌, 커피 이야기 계속해 주세요."

"그럴까? 이슬람 사원에서 비밀스럽게 마시던 커피는 중세 시대에 벌어진 십자군 전쟁을 통해 유럽으로 전파되었어. 유럽인들은 단번에 커피와 사랑에 빠졌지. 그들은 커피를 다양하게 즐기는 방법들을 만들었어. 한 의사가 치료제로 우유를 탄 커피를 권하면서 사람들이 커피에 우유를 타 마시기 시작했고, 프랑스의 왕 루이 16세는 처음으로 값비싼 설탕을 커피에 넣어 마셨어. 이탈리아에서는 유럽 최초로 카페가

카페 플로리안에 있는 동양의 방이야.

생겼지. 특히 베니스에 있는 '플로리안'은 1720년에 문을 열어 아직도 운영 중인 세계에서 가장 오래된 카페란다. 그 후로 유럽의 거리에는 커피를 마시면서 대화를 나누는 편안한 분위기의 카페가 줄줄이 생겨났어."

그때 커피를 갈던 동식이가 눈을 가늘게 뜨며 말했습니다.

"이제 다 갈았어요."

삼촌은 깔대기 모양을 한 거름망에 종이 필터를 넣고 짙은 밤색이 도는 커피 가루를 담았습니다. 거름망을 유리 주전자 입구 위에 얹고, 길고 가느다란 주둥이를 가진 은색 주전자로 커피 가루 위에 뜨거운 물을 조금 떨어뜨렸습니다. 몇 방울의 물이 커피 가루에 점차 스며들더니 더욱 진하고 향기로운 냄새가 피어났습니다.

"여기서 잠깐 기다려야 해. 커피 가루가 충분히 물을 머금을 수 있도록 말이야."

삼촌의 표정은 아주 진지해 보였습니다. 30초쯤 지났을까? 삼촌은 다시 주전자를 들어 커피 가루를 적시듯 아주 천천히 뜨거운 물을 부었습니다. 그러자 커피 가루 위에는 금빛을 띤 부드러운 거품이 보글보글 일고, 깔대기 모양의 거름망 아래로는 또르르 가늘게 줄기를 만들며 커피가 떨어지는 소리가 났습니다. 주전자를 채운 검은 액체에서 아찔할 만큼 좋은 향기가 났습니다. 송이가 눈을 반짝이며 감탄했습니다.

"아, 우리 엄마가 정말 좋아하시는 원두커피가 됐네요! 그럼 우리나라에서는 언제부터 커피를 마신 거예요?"

삼촌은 꽃무늬가 돋보이는 예쁜 잔에 커피를 따르며 말했습니다.

"커피는 19세기 후반에 강화도 조약을 맺고 항구를 개방하게 된 뒤, 우리나라에 온 여러 서양인들에 의해 전해졌어. 흔히 고종 황제가 1895년 러시아 공사관에 머물면서 우리나라 사람으로서는 처음으로 커피를 마셨다고 알려졌지만 사실이 아니란다. 그 이전에도 우리나라에서 커피를 마셨다는 기록들이 남아 있거든."

삼촌은 커피 향을 충분히 음미한 뒤, 한 모금을 삼키고 장난스럽게 말을 이었습니다.

"아, 얘들아, 미안해서 어쩌니? 커피는 어른들의 음료라서 너희 꼬맹이들은 마실 수 없겠는데?"

"아, 삼촌! 너무해요!"

아이들이 한소리로 외쳤습니다.

차의 역사
세상에서 가장 오래된 음료

차는 차나무의 잎을 따서 말려 만들어. 가장 오래된 음료 중에 하나이고, 지금도 세계인이 함께 즐기고 있지. 발효 정도나 방법에 따라 다양한 차가 있지만 크게 세 종류로 나눌 수 있어. 발효를 시키지 않은 녹차, 완전히 발효시킨 홍차, 적절히 발효시켜 녹차와 홍차의 중간 성격을 가진 우롱차로 구분한단다.

차는 중국에서 맨 처음 마셨다고 해. 무려 3800년 전에 심어 가꾼 차나무가 발견된 적이 있을 만큼 역사가 길지. 중국의 차는 점차 이웃 나라로 퍼져 나갔어. 특히 불교 승려들이 차를 매우 좋아해서 불교를 전파할 때 차 문화도 같이 전해 주었거든. 그래서 중국, 우리나라, 일본에서는 다례, 다예, 다도 등으로 불리는 복잡하고 엄격한 차 문화가 함께 생겨났단다.

차가 서양에 알려진 것은 17세기경 일본에 찾아온 네덜란드의 무역상 덕분이었어. 네덜란드의 선박은 1610년 일본과 마카오에서 차를 구입해서 자신의 나라에 소개했어. 이게 프랑스, 독일을 거쳐 영국에까지 전해졌지. 18세기 이후에는 특히 찻잎을 발효시켜 만든 홍차가 유럽인들의 사랑을 받기 시작했어.

그중에 영국인들의 홍차 사랑은 정말 남달랐어. 1년 내내 비가 자주 오는 변덕스러운 날씨에 따뜻한 차만큼 위로가 되는 것도 없었을 거야. 하지만 홍차에 대한 영국인들의 사랑이 커질수록 영국이 입는 손해도 점점 커졌어. 중국에서 차를 수입하는 값으로 은을 지불했는데 은 지출량이 어마어마하게 늘었거든. 영국은 어떻게 하면 이 무역 적자를 해결할 수 있을까 하고 궁리하다가 청나라가 약으로 쓰려고 아편(양귀비꽃의 진으로 만든 중독성이 강한 마약)을 수입한다는 사실을 떠올렸어.

그 뒤로 영국은 청나라 황제 몰래 인도산 아편을 팔기 시작했어. 그러자 청나라에는 아편 중독자들이 아주 많이 늘어났어. 물론 영국은 아편 수출로 큰 이득을 얻었지. 나중에는 영국이 수입

중국은 영국과의 아편 전쟁에서 패배하여 영국에 2100만 달러의 배상금을 무는 것은 물론, 5개 항구를 개방하고 홍콩을 넘겨줘야만 했어.

하는 홍차의 양보다 중국이 밀수입하는 아편의 양이 더 많아졌을 정도야. 청나라는 그제야 아편 수입을 금지하고 광저우에 들어온 영국 상선에서 아편을 빼앗아 불태워 버렸지. 그러자 영국은 이 일을 빌미로 1840년 6월, 청나라를 공격해 전쟁을 일으켰어. 이 전쟁을 '아편 전쟁'이라고 부르지만, 그 시작은 바로 홍차 때문이라 할 수 있지.

  영국인들은 이제 직접 영국에서 차를 생산하고 싶었지만 그건 쉬운 일이 아니었어. 기후가 맞지 않을뿐더러 중국이 차나무 재배와 차 제조 기술을 철저하게 관리해서 좀처럼 알아낼 수 없었거든. 그러다 1848년, 식물학자 로버트 포춘이 몽골의 고관으로 변장하고서 몰래 차나무와 차 재배 기술을 빼내는 데 성공했어. 그리고 여러 번의 실패 끝에 인도 다즐링 지역에서 차 재배에 성공했지. 이후 영국은 여러 식민지에 차나무를 심고 차 무역을 주도했어. 오늘날 스리랑카의 실론 지역 차가 유명해진 것도 바로 그때부터란다.

달콤하고 쌉싸름한 맛, 초콜릿

"음, 그럼 너희들한테는 따뜻한 코코아를 만들어 줄까?"

"우아! 네, 네!"

때마침 창밖으로 흰 눈이 펑펑 내리기 시작했습니다. 송이는 눈망울을 반짝였습니다.

"눈 오는 날, 코코아라니 너무 낭만적이에요."

삼촌은 냄비에 우유를 붓고 뭉근하게 데운 뒤 초콜릿 덩어리와 코코아 가루, 생크림, 설탕을 넣고 휘휘 저어 녹였습니다. 그리고 차례로 컵에 따랐습니다.

"아차차, 코코아에 마시멜로가 빠지면 섭섭하지. 자, 마셔 보렴."

동식이가 마시멜로가 동동 떠 있는 코코아를 후후 불고는 한 모금 들이켰습니다.

"하아, 온몸이 코코아 속에 녹아들 것 같아요. 달콤해."

"여태까지 먹은 코코아랑은 비교도 안 되는데. 너무 맛있어요, 삼촌!"

송이도 생글생글 웃으며 입맛을 다셨습니다. 삼촌이 웃음 지으며 말을 이었습니다.

"그런데 그거 아니? 원래 초콜릿 맛은 우리가 아는 맛과 아주 달랐대."

"어땠는데요?"

쇼콜라틀이 담긴 항아리에 손을 대지 못하게 하는 마야 사람의 모습이야. 두 사람의 대조적인 표정이 재미있지?

"초콜릿의 원료인 카카오는 남아메리카가 원산지야. 이곳의 고대 원주민들이었던 마야와 아즈텍 문명 사람들은 쓴맛이 나는 카카오 열매 씨앗을 곱게 빻아서 옥수숫 가루와 바닐라, 고추 그리고 향이 나는 귀꽃 등을 섞어서 걸쭉하게 끓여 먹었다고 해. 초콜릿이란 이름도 아즈텍 말로 쓴맛 나는 물이란 뜻이 있는 '쇼콜라틀'에서 유래한 거란다."

"네? 쓴 초콜릿에 고추요? 웩, 이상해요."
동식이가 얼굴을 잔뜩 찡그렸습니다.

"그럼 초콜릿이 어떻게 지금처럼 맛있어진 거예요?"

토토가 입술에 묻은 코코아를 핥으며 물었습니다.
"16세기 초에 스페인이 아즈텍 제국을 정복하면서 초콜릿도 함께 알려졌어. 스페인 사람들도 처음에는 검고 쓰고 걸쭉한 초콜릿 음료를 생소하게 여겨서 몹시 꺼렸대. 하지만 이 음료에 맛을 들인 사람들이 점차 생겨났지. 마시면 왠지 모르게 힘이 나고 기분이 좋아졌거든. 초콜릿은 스페인을 거쳐 점차 유럽 전체로 퍼져 나가게 됐어. 17세기 유럽의 귀족들은 구할 수 있는 재료로 자신들의 입맛에 맞게 초콜릿을 만들어 먹었지. 카카오 가루에 달걀이나 우유를 넣어 잘 저은 다음, 꿀이나 설탕을 타고 후추나 계피 같은 향신료를 뿌리고, 장미꽃이나 기름을 살짝 섞어서 뜨겁게 마시곤 했단다. 18세기에는 초콜릿으로 음료뿐만 아니라 케이크와 타르트, 크림 등을

만드는 방법도 개발했지."

"나도 초콜릿 케이크 좋아하는데! 근데 삼촌, 코코아 더 주시면 안 돼요?"

동식이가 빈 컵을 내보이며 물었습니다.

"어쩌지. 우유가 떨어져서 안 되겠다. 대신 초콜릿을 줄게. 단 걸 많이 먹으면 안 되니까 하나씩만 맛보렴."

삼촌은 손톱만 한 다크, 밀크, 화이트 초콜릿을 각 세 개씩 접시에 내주었습니다.

"음, 이 초콜릿들은 왜 색이 다른 거예요?"

송이가 접시 위의 초콜릿을 가리키며 물었습니다.

"카카오 매스 함량이 달라서 그래. 카카오콩을 볶은 뒤 갈아 만든 반죽인데 초콜릿 원액이라고도 하지. 다크 초콜릿은 카카오 매스 함량이 높고 설탕이 덜 들어가서 색이 진하고 씁쌀한 맛이 강해. 밀크 초콜릿은 분유를 넣어 맛이 부드럽지. 화이트 초콜릿은 카카오 매스에서 지방 성분만 추출한 카카오 버터에 분유와 설탕을 섞어 만들기 때문에 색이 하얀 거야."

"우아, 그렇구나. 삼촌, 나는 다크 초콜릿보다 밀크 초콜릿이 더 마음에 들어요."

"나도, 나도."

"난 화이트 초콜릿!"

토토와 동식이, 송이는 저마다 맘에 드는 초콜릿을 입에 넣고 천천히 음미했습니다.

"오늘날처럼 다양한 종류와 형태를 가진 초콜릿을 먹을 수 있게 된 건 19세기 초 네덜란드의 반 호텐이 카카오 매스에서 카카오 버터를 분리하는 압착기를 발명한 덕분이란다. 그 후 영국의 한 회사에서 단단한 고형 초콜릿을 처음으로 선보였어. 얼마 안 있어 스위스의 한 회사에서는 초콜릿에 분유를 섞은 밀크 초콜릿을 만들어 팔기 시작하면서 큰 인기를 모았지. 이제 언제 어디서든 맛있는 초콜릿을 먹을 수 있게 된 거야. 단단해서 포장하기도 쉽고 가지고 다니기도 편하니까."

"이렇게 달콤한 초콜릿을 집어 먹을 수 있게 된 게 얼마 되지 않았다는 거예요?"

송이의 말에 삼촌이 고개를 끄덕였습니다.

"그렇지. 귀족들만 먹던 귀한 초콜릿이 대중화된 건 겨우 100여 년이 되었을 뿐이야. 초콜릿은 전쟁과도 관련이 깊어. 특히 제2차 세계 대전 중에 영국과 미국의 군인들에게 간식으로 초콜릿을 대량 공급하면서 다른 나라 사람들까지 초콜릿 맛을 알게 되었거든. 우리나라에서도 1950년대 초 6·25 전쟁이 일어나면서 미군들이 건네

준 초콜릿을 먹어 보고, 아이들이 "기브 미, 초콜릿!(초콜릿 주세요!)"이라고 외치며 미군 차량을 따라 다니기도 했단다."

송이는 야위고 헐벗은 아이들이 미군 차량을 따라다니며 손을 내미는 장면이 떠올라 한숨을 쉬며 말했습니다.

"기브 미, 초콜릿이요? 왠지 좀 슬퍼지려고 해요."

삼촌이 코코아 음료를 천천히 마시며 말했습니다.

"송이 말처럼 달콤한 초콜릿에는 수많은 눈물의 역사가 숨겨져 있지……. 시간이 흘러 20세기에 들어서면서 초콜릿의 세계는 더욱 화려해졌단다. 초콜릿의 생산 기술뿐 아니라 포장술이나 마케팅 기술도 눈부시게 발전했거든. 예를 들어 1912년 벨기에 브뤼셀의 초콜릿 장인인 '장 노이하우스'는 초콜릿 안에 다른 내용물을 채운 초콜릿을 개발해서 큰 인기를 끌었어. 장인의 손으로 하나하나 만든 다양한 맛의 수제 초콜릿이 탄생한 거야. 수제 초콜릿은 세련되고 우아한 이미지를 자랑하며 값비싼 상품이 되어 사람들의 사랑을 받고 있지. 물론 공장에서 대량으로 생산하는 대중적인 초콜릿은 말할 것도 없고.

삼촌 이야기에 열중하던 토토가 자기 접시 위에 마지막 하나 남은 화이트 초콜릿을 입에 홀랑 넣으며 말했습니다.

"삼촌, 초콜릿 더 주면 안 돼요? 기브 미, 초콜릿!"

그러자 동식이와 송이도 함께 손을 내밀었습니다.

"맞아요. 기브 미, 초콜릿!"

초콜릿 산업
초콜릿 한 조각에는

카카오 나무에 달린 열매야.

초콜릿을 만드는 과정은 아주 까다로워. 달콤한 초콜릿 한 조각을 먹기까지는 정말 많은 손길이 필요하단다.

세계에서 초콜릿을 가장 많이 소비하는 유럽이나 북아메리카 지역에서는 초콜릿의 원료인 카카오가 자라지 못해. 카카오나무는 온도와 습도가 높은 적도에서 남북으로 위도 20도 이내, 해발 300미터 아래쪽에서만 자란대. 게다가 카카오는 농사짓기도 만만치 않아. 병충해에 무척 약하기 때문이지. 원산지는 중남아메리카이지만 유럽인들이 서아프리카 지역에 대형 카카오 농장을 많이 만들어서 지금은 가나, 나이지리아 등에서 많이 생산한단다.

카카오 열매는 커다란 아몬드처럼 생겼어. 이걸 수확할 때는 '마셰티'라고 부르는 날이 넓은 칼을 사용해. 껍질을 제거한 카카오콩은 일정 시간 발효를 시켜야 초콜릿만의 독특한 맛과 향을 가질 수 있단다. 발효가 끝나면 세척과 건조, 볶는 과정을 거치지. 그러고는 갈아서 되직하게 코코아 매스를 만드는 거야. 코코아 매스에서 지방을 분리해 코코아버터와 코코아 가루를 만들기도 해. 여기에 설탕, 분유, 향료 등을 섞어 초콜릿을 만들지. 하지만 섬세하고 까다롭게 온도와 재료의 비율을 맞춰야만 달콤쌉싸름한 초콜릿을 얻을 수 있어.

그런데 그거 아니? 서아프리카의 많은 아이들이 카카오 농장에서 아주 적은 임금을 받으며 고되게 일하고 있어. 학교도 가지 못하고 하루에 15시간 이상 일하지만 태어나서 한 번도 초콜릿을 먹어 본 적 없는 아이들이 많대. 참 가슴 아픈 일이지. 그래서 요즘에는 어린이에게 가혹한 노동을 시키지 않고 노동자에게 정당한 대가를 지불하는 농장의 카카오로 초콜릿을 만드는 곳이 늘고 있어. 이런 제품을 공정 무역 제품이라고 해.

앞으로 초콜릿을 살 때 이 한 조각에 얼마나 많은 사람들의 수고가 깃들었는지 생각하면서 공정 무역 초콜릿을 골라 먹어 보렴. 그러면 우리도 세상을 바꾸는 일에 힘을 보탤 수 있단다!

차갑고 달콤한 맛, 아이스크림

초콜릿을 하나씩 더 먹었는데도 하늘빛은 회색인데다가 눈은 멈출 기색이 없었습니다. 삼촌이 걱정스러운 목소리로 말했습니다.
"너희들을 어떻게 집에 보내나? 눈이 멈추질 않네."
"삼촌, 걱정하지 마세요. 우리 집은 여기서 멀지 않거든요."
송이가 씩씩하게 대답했습니다. 말은 이렇게 해도 살짝 걱정하는 듯한 표정이었습니다. 삼촌이 아이들의 기색을 살피더니 커다란 냉동고에서 아이스크림을 하나씩 꺼내 주었습니다.
"옛다, 오늘같이 춥고 눈 오는 날은 따뜻한 실내에서 먹는 아이스크림이 제일 맛있지. 아이스크림 다 먹고 나면 삼촌이 집까지 데려다줄게."
초콜릿과 땅콩이 콕콕 박힌 아이스크림콘을 보고는 아이들의 얼굴에 함박웃음이 피었습니다. 토토는 차갑고 달콤한 아이스크림을 한 입 물고는 말했습니다.
"아이스크림을 먹으면요, 기분이 정말 좋아져요. 오늘 성적표 받았는데 좀 우울했거든요."
삼촌이 토토의 볼을 살짝 꼬집으며 말했습니다.

"아니, 네가 언제부터 성적에 신경 썼다고 그래?"
"헤헤, 아이스크림 덕분에 다 풀렸어요. 게다가 오늘부터 방학이잖아요?"
토토와 친구들이 마주보고 까르르 웃었습니다. 그 모습을 지켜보던 삼촌도 미소 지었습니다.
"맞아. 기분이 우울할 땐 아이스크림만 한 것도 없지."
"옛날 사람들은 참 안됐어. 냉장고가 없어서 이렇게 맛있는 아이스크림도 못 먹어 봤을 거 아냐."
동식이가 매우 딱한 표정을 지으면서 중얼거렸습니다.
"아닌데. 먼먼 옛날에도 이렇게 맛있는 아이스크림을 먹었어."
삼촌이 큰 입을 쩍 벌리고 아이스크림을 크게 한입 베어 물고 말했습니다.

"진짜요? 옛날에도 아이스크림이 있었다고요?"

아이들은 믿을 수 없다는 표정으로 되물었습니다.

"물론이지. 아주 오래전에도 아이스크림 비슷한 건 있었어. 세계 각지에서 아이스크림과 관련된 이야기가 전해지거든. 무척이나 귀한 음식이라 높은 신분이어야 맛볼 수 있긴 했지만. 로마 시대의 네로 황제는 하얀 눈에다 시럽을 섞어서 만든 음식을 즐겨 먹었대. 중국 당나라 황제들이 우유가 든 얼음과자를 즐겼다는 기록도 있고. 어쨌든 최초의 '아이스크림'은 지금의 셔벗과 비슷했을 거야."

"셔벗이 뭔데요?"

송이가 아이스크림을 연신 혀로 핥으며 물었습니다.

"셔벗은 과일즙에 물, 우유, 크림, 설탕 등을 넣어서 얼린 얼음과자를 말해. 얼음 알갱이 때문에 아이스크림보다는 부드러움이 덜하지. 달콤한 시럽을 넣고 차게 만든 중동의 음료인 '샤르바트'에서 나온 말이란다."

송이가 감탄하며 말했습니다.

"어쩜, 삼촌은 그렇게 아는 게 많아요. 너무 멋져요!"

삼촌이 머쓱한 듯 머리를 긁적이며 말했습니다.

"하하, 요리를 좋아하는 사람이라면 이 정도쯤이야. 어쨌든 거슬러 거슬러 올라가면 차가운 음료가 아이스크림의 조상님 정도 될 거야."

동식이가 아이스크림콘을 와사삭 베어 물고는 우물거리며 물었습니다.

"그런데 냉장고도 없었는데 차가운 음료를 어떻게 만들어요? 눈 쌓인 산꼭대기에 가서 가져왔나?"

"딩동댕! 동식이가 어떻게 알았지? 맞아, 높은 산의 눈이나

이란에 있는 냉동고 야크찰이야. 기원전 400년경에 만들어졌는데, 이곳에서 겨울에 얼음을 만들어서 여름까지 보관했다고 해.

겨울철에 언 강물을 캐서 보관한 거야. 사람들은 아주 옛날부터 동굴이나 깊은 구덩이 속에 얼음과 눈을 보관하는 방법을 찾아냈단다. 땅 속은 바깥 온도의 영향을 덜 받기 때문에 늘 서늘하잖아. 고대 그리스·로마에도, 사막 지역인 고대 페르시아에도, 중국과 일본, 우리나라에도 얼음 저장고가 있었어. 하지만 얼음을 구하고 저장하는 게 결코 쉬운 일이 아니라서 19세기까지 얼음은 아주 사치스러운 음식이었어."

토토가 삼촌의 설명에 고개를 끄덕이며 물었습니다.

"그럼 우리가 먹고 있는 아이스크림은 어떻게 생겨난 거예요?"

삼촌이 아이스크림을 마저 입에 넣고 말했습니다.

"아랍인들이 마시던 샤르바트가 유럽에 전해진 이후부터지. 샤르바트는 16세기~17세기경, 지금의 이탈리아 시칠리아 지역에서 얼음과자 '소르베토'로 발전했어. 요리사 안토니오 라티니 덕분이야. 안토니오는 얼음에 레몬, 딸기 등을 섞어 맛을 낸 건 물론이고, 우유를 넣어 얼린 소르베토까지 개발했단다. 이제야 진짜 아이스크림이라고 부를 만한 음식이 등장한 거지. 라티니가 만든 소르베토를 '최초의 아이스크림'으로

여기는 역사학자들도 있어."

송이는 삼촌 이야기에 열중하다가 문득 궁금해졌습니다.

"그때도 얼음이 귀했을 텐데 소르베토는 어떻게 만든 거예요?"

삼촌이 이맛살을 살짝 찌푸리며 대답했습니다.

"음, 냉장고 없이도 얼릴 수 있는 비법을 알고 있었거든. 중국인과 아랍인, 인도인은 오래전부터 얼음에 소금을 뿌리면 얼음의 온도가 더 낮아진다는 사실을 알았어. 소금과 만난 얼음은 차가운 냉기를 뿜는데, 이 안에 아이스크림 재료를 잘 섞은 통을 넣어 두면 서서히 얼어붙지. 또 다른 방법도 알고 있었어. 16세기 이탈리아에서 눈과 질산칼륨을 섞은 혼합물을 양동이에 담고 그 안에 물그릇을 두면 물이 언다는 사실을 발견했거든. 이런 냉동제가 발달하면서 본격적으로 아이스크림을 만들 수 있게 된단다."

 최초의 아이스크림, '우유 소르베토'를 만드는 법을 알려 줄까?

① 우유에 물과 설탕을 섞어 따뜻하게 데운다.
② 설탕에 조린 감귤이나 호박을 섞어 다시 한 번 끓인 다음 식힌다.
③ 눈과 소금을 섞은 냉동제 안에 넣어 얼리면 완성!

"이야, 나도 만들어 보고 싶어요. 귀족들만 먹던 이 귀한 아이스크림을 내가 먹을 수 있다니! 요즘 세상에 태어나길 정말 잘했어요."

동식이가 엄지손가락을 번쩍 치켜들었습니다. 삼촌이 고개를 끄덕이며 말했습니다.

"그래. 우리가 아이스크림을 먹을 수 있기까지 정말 많은 사람들의 노력이 있었어. 이탈리아에서 시작된 아이스크림은 프랑스, 영국을 거쳐 미국에서 크게 대중화되었지. 특히 1842년 영국의 낸시 존슨이 수동 아이스크림 제조기를 발명했는데, 그때 이후로 아이스크림 제조 공장은 모두 이 기술을 응용해서 사용하고 있을 정도야. 그런데 아이스크림이 오늘날과 같이 널리 퍼지는 데 결정적인 역할을 한 게 뭔 줄 아니?"

"글쎄요. 한 번 먹으면 잊을 수 없는 맛 때문인가?"

송이가 골똘히 생각하며 답했습니다.

"냉동 기술과 운송 시설이 발달했기 때문이야. 덕분에 장거리 배송이 가능해졌고, 언제든지 아이스크림을 만들어서 보관할 수 있게 되었단다. 그래서 우리가 다양한 맛의 아이스크림을 일 년 내내 즐길 수 있는 거야."

"삼촌 말을 들으니, 세상에 있는 모든 냉장고에게 감사 인사를 하고 싶어요. 고맙다, 냉장고야!"

토토가 큰 냉동고를 향해 꾸벅 고개를 숙이며 말했습니다.

"야, 그 정도로 고마움이 전해지겠어? 이렇게 큰절을 해야지."

동식이가 넉살 좋게 냉장고를 향해 큰절을 하려 하자 모두 웃음을 터뜨렸습니다.

젤라토의 역사
세상에 없던 요리

　젤라토는 우유, 달걀, 설탕을 이용해 만든 이탈리아식 아이스크림이야. 공장에서 대량으로 생산하는 아이스크림에 비해 지방 함량이 낮은데도 맛은 진하고 부드러워. 쫀득하면서도 부드러운 질감이 특징이지. 각종 과일이나 견과류, 초콜릿, 커피 등 다양한 천연 재료를 이용해서 맛과 향을 내기 때문에 무척 신선해. 젤라토는 누구나 한번 맛보면 사랑할 수밖에 없는 매력적인 맛을 지녔단다.

　이처럼 이탈리아가 아이스크림으로 유명한 데에는 다른 나라보다 오랜 역사가 있기 때문이야. 그 역사의 한 조각을 잠시 살펴볼까? 아랍인이 즐겨 마시던 차가운 음료 샤르바트는 10세기~13세기, 아랍인이 시칠리아섬을 점령했던 시기에 처음으로 이탈리아에 전해졌어. 하지만 사람들에게 점차 잊히고 말았지. 그러다 16세기 무렵, 이탈리아에서 가장 이름난 가문인 메디치가에서 재미있는 요리 경연을 열었어. 경연의 주제는 바로 '이제껏 볼 수 없었던 가장 독특한 요리'를 만드는 것이었어. 당시 피렌체에 닭장수 '루게리'라는 사람이 있었는데, 그는 남는 시간에 짬을 내어 요리사로 일했지. 루게리도 이 요리 경연에 참가했어. 그는 사람들에게 잊힌 샤르바트 요리법에 자신만의 비법과 상상력을 더해 '얼린 디저트'인 젤라토를 만들었어. 당연히 이 요리 경연에서 루게리가 우승을 거머쥐었단다.

　이후 메디치 가문에서 열린 수많은 연회에 젤라토가 디저트로 나오면서 세

빙수와 비슷한 시칠리아식 얼음 디저트 그라니타야. 시칠리아 사람들은 아침 식사로 그라니타와 브리오슈 빵을 즐겨 먹는대.

젤라토는 오랜 시간 천천히 저어서 만들기 때문에 대량으로 만드는 공장식 아이스크림에 비해 공기 함유량이 적어. 그래서 더 쫀득한 맛을 느낄 수 있어.

상에 널리 알려지기 시작했어. 메디치 가문의 딸이 프랑스의 공작과 결혼하기 위해 프랑스로 떠날 때, 루게리도 요리사 자격으로 프랑스 땅을 밟기도 했지. 덕분에 그는 베르사유 궁전에서 열린 성대한 피로연에서 자신이 만든 젤라토를 자랑스럽게 선보였다고 해.

그런가 하면 비슷한 시기에 피렌체의 건축가이자 예술가인 부온탈렌티는 젤라토를 오늘날 모습과 가깝게 만든 사람이야. 메디치가는 그에게 스페인 국왕을 초대하는 중요한 만찬장을 화려하고 특별하게 만들어 달라고 부탁했어. 그는 불꽃놀이와 여러 무대를 기획하는 것과 함께 아주 특별한 디저트를 준비했지. 달걀, 꿀, 설탕, 소금을 섞어 부드럽게 만든 뒤 레몬, 오렌지, 베르가못 등의 향료를 첨가해 상큼한 풍미를 더한 차가운 크림을 만들었거든. 덕분에 만찬을 아주 성공적으로 마칠 수 있었지.

17세기에는 시칠리아 출신의 어부였던 크나베스가 젤라토 기계를 만드는 데 성공했어. 그는 파리에 카페를 열고 다양한 맛의 젤라토를 만들어 팔았어. 그의 카페는 금세 입소문이 나서 루이 14세는 물론이고, 나폴레옹, 빅토르 위고, 조르주 상드 같은 당대 유명인들이 찾는 명소가 되었지. 이후 18세기 말에는 많은 이탈리아인들이 미국으로 이주하면서 젤라토도 퍼져나갔어. 1927년에는 전자동 젤라토 기계가 등장해서 더욱 많은 사람들이 젤라토를 손쉽게 만날 수 있게 됐단다.

삼촌의 편지
건강하고 행복한 밥상을 지켜 주렴!

세상에서 가장 사랑하는 조카, 토토야.

갑자기 편지를 쓰려니까 좀 낯설다. 그치?

삼촌은 개성 가득한 전국의 향토 음식을 공부하기 위해 겨울 방학 동안 잠시 떠나 있을 거야. 돌아와서 우리 토토에게 더욱 맛있는 음식을 해 줄 테니까 조금만 기다려 줘. 짐을 꾸리기 전에 삼촌이 꼭 해 주고 싶은 말이 있어서 여기에 남길게.

"먹는 것이 하늘이다." "밥이 약보다 낫다." "금강산도 식후경." "다 된 밥에 재 뿌리기." "남의 떡이 더 커 보인다."와 같은 재미난 우리나라 속담을 알고 있니? 속담들의 뜻을 가만히 생각해 보면 우리가 '먹는' 행위를 얼마나 소중하게 여겨 왔는지 잘 알 수 있어.

사랑하는 가족이나 친구를 위해 음식을 준비해 본 사람이라면 누구나 잘 알 거야. 요리는 기술이 먼저가 아니라 마음이 먼저라는 걸 말이야. 요리하는 사람은 내 요리를 먹는 사람이 즐겁고 맛있게 먹길 바라며 정성을 쏟는단다. 재료를 고르고 다듬는 일에서부터, 끓이고 볶고 굽는 조리 과정과 먹고 난 자리를 말끔히 정리하는 일까지 모두 진심을 담지 않으면 즐겁지도 만만하지도 않은 일이거든.

　누군가가 정성껏 만든 음식 덕분에 우리는 자신의 생명을 가꾸어 나갈 수 있는 거야. 사람이 살아가려면 의식주가 고루 필요하지만, 무엇보다 정성이 담긴 좋은 음식을 먹는 것만큼 중요한 일은 없을 거야.

　오늘 네가 받은 밥상에도 많은 이의 수고와 정성이 듬뿍 들었단다. 쌀과 빵, 채소와 과일, 생선과 고기가 밥상에 오르기까지 얼마나 많은 이들의 수고가 필요한지 곰곰이 생각해 보렴. 그뿐만 아니야. 쌀 한 톨, 김치 한 조각에도 오랜 세월 인류가 거친 자연에서 살아남기 위해 지혜를 발휘하고 좋은 맛을 내기 위해 고민해 온 긴긴 역사가 고스란히 담겨 있지. 그러니 지금 우리가 먹는 한 끼 한 끼가 얼마나 위대한지를 잊지 않았으면 좋겠어.

　삼촌이 하나만 더 얘기해도 될까? 우리는 하루에 세 끼 먹는 것을 아주 당연하게 여기지만 사실 이 지구상에는 하루 한 끼도 제대로 먹지 못하는 사람들이 많단다. 유엔식량농업기구의 자료에 따르면 전 세계 73억 명 가운데 약 8억 명이 굶주리고 있다고 해. 9명 중 1명이 영양 부족으로 고통 받고 있다는 뜻이야. 그건 아주 가난한 나라 이야기 아니냐고? 그렇지 않아. 우리 주변에도 꼬박꼬박 끼니를 챙겨 먹기 힘든 환경에서 지내는 아이들이 적지 않아. 그러니 토토야, 즐겁게 먹을 수 있다는 사실에 항상 감사하고, 주위의 어려운 사람들과도 기꺼이 나눌 줄 아는 넉넉한 마음을 가진 사람으로 자라주면 좋겠어.

　토토, 삼촌이 없는 동안에도 건강하고 행복한 밥상을 지켜 주렴. 안녕!

참고한 책

《한국 요리 문화사》, 이성우 지음, 교문사
《빵의 역사》, 하인리히 E. 야콥 지음, 곽명단·임지원 옮김, 우물이있는집
《육식의 딜레마》, 케이티 키퍼 지음, 강경이 옮김, 루아크
《세계 야채 여행기》, 다마무라 도요오 지음, 정수윤 옮김, 정은문고
《슬로푸드 슬로라이프》, 김종덕 지음, 한문화
《할랄, 신이 허락한 음식만 먹는다》, 엄익란 지음, 한울
《아이스크림의 지구사》, 로라 B. 와이스 지음, 김현희 옮김, 휴머니스트
《초콜릿의 지구사》, 사라 모스·알렉산더 바데녹 지음, 강수정 옮김, 휴머니스트
《향신료의 지구사》, 프레드 차라 지음, 강경이 옮김, 휴머니스트
《글로벌 시대의 음식과 문화》, 우문호·엄원대·김경환 외 2명 저, 학문사

식탁에서 만나는 맛있는 인문학
세계 음식 여행

1판 1쇄 발행 2021년 5월 25일
1판 4쇄 발행 2025년 5월 12일

글 박찬일 | 그림 애슝 | 구성 김지선 | 펴낸이 이재일
편집 박선영 | 디자인 이진숙 | 제작·마케팅 강백산, 강지연, 김주희
펴낸곳 토토북 | 출판등록 2002년 5월 30일 제2002-000172호
주소 04034 서울시 마포구 잔다리로7길 19, 명보빌딩 3층 | 전화 02-332-6255 | 팩스 02-6919-2854
홈페이지 www.totobook.com | 전자우편 totobooks@hanmail.net | 인스타그램 totobook_tam
ISBN 978-89-6496-446-0 73380

ⓒ박찬일, 애슝 2021

이 책은 저작권법에 의해 보호를 받는 저작물이므로 무단 전재 및 무단 복제를 금합니다.

잘못된 책은 구입하신 곳에서 바꾸어 드립니다.

제품명: 식탁에서 만나는 맛있는 인문학 세계 음식 여행 | 제조자명: 토토북 | 제조국명: 대한민국
전화: 02-332-6255 | 인증유형: 공급자 적합성 확인 | 사용연령: 10세 이상 | 주소: 서울시 마포구
잔다리로7길 19, 명보빌딩 3층 | 제조일: 2025년 5월 12일
* KC마크는 이 제품이 공통안전기준에 적합하였음을 의미합니다.

⚠ 주의 아이들이 책을 입에 대거나 모서리에 다치지 않게 주의하세요.